dtv

»Ein Muss für jeden Geschichtsfan!«
Leserstimme bei amazon

»Hier verbinden sich Anschaulichkeit und Spannung mit seriöser Information auf der Basis aktueller Forschung.«
Braunschweiger Zeitung

Das Neueste aus der Vergangenheit in einer Auswahl der besten Beiträge aus ›P. M.History‹: Historische Ereignisse, Biografie und Lebenswerk einer historischen Persönlichkeit werden nicht mit akademischem Abstand, sondern aus einer menschlichen Perspektive dargestellt. Was bewegte die Menschen, wie war ihr Alltag, wie haben sie als Zeitgenossen geschichtliche Umwälzungen erlebt? Auf diese Weise wird die Vergangenheit mit Leben erfüllt.

Auf der Suche nach dem Heiligen Gral

Geschichten zur Geschichte

Mit farbigen Abbildungen
Herausgegeben von Ernst Deissinger
und Sascha Priester

Ein P. M. History-Buch

Deutscher Taschenbuch Verlag

Dieser Band erscheint in der Reihe ›Geschichten zur Geschichte‹, die ›P. M. History. Das große Magazin für Geschichte‹ im Deutschen Taschenbuch Verlag veröffentlicht.

Bereits erschienen:
Als Pharao Ramses gegen die Hethiter zog (dtv 34147)
Als Spartacus den Römern trotzte (dtv 34202)

Originalausgabe
November 2005

www.dtv.de

Umschlagkonzept: Balk & Brumshagen
Umschlagbild: © akg-images/Sotheby's Picture Library
Satz: Greiner & Reichel, Köln
Gesetzt aus der Concorde 8,8/12˙ und der Univers condensed
Druck und Bindung: APPL, Wemding
Gedruckt auf säurefreiem, chlorfrei gebleichtem Papier
Printed in Germany · ISBN 3-423-34240-4

Inhalt

Vorwort

Mit dem dritten Band der Taschenbuchreihe ›Geschichten zur Geschichte‹ möchten wir Ihnen wieder einige der spannendsten Beiträge präsentieren, die bisher in unserem Geschichtsmagazin ›P. M. History‹ erschienen sind. Wie bei den vorangegangenen Ausgaben unternehmen wir eine Reise durch die Jahrtausende: von der Urzeit bis in die jüngste Vergangenheit. Dieses Mal liegt der thematische Schwerpunkt auf dem Mittelalter: So werden Sie die Bekanntschaft des sagenhaften Königs Artus mit seinen Rittern der Tafelrunde machen. Sie wandeln dann auf den Spuren des Heiligen Grals. Viele Legenden ranken sich darum – eine davon weiß zu berichten, dass ein späterer Jünger des Jesus, Joseph von Arimathia, das Blut Christi im Gral auffing, nachdem der römische Hauptmann Longinus mit seiner Lanze dem Heiland am Kreuz eine Wunde zugefügt hatte. Seither ist das Gefäß zu einem Symbol für die Suche nach Glück und Erlösung geworden. Anschließend werden Sie die dramatischen Ereignisse des Jahres 1099 miterleben, als die Kreuzfahrer Jerusalem eroberten und ein christliches Reich im Heiligen Land errichteten.

Wir beginnen indes mit der Bibel: Joseph, Moses, Jesus – und ihre gemeinsame Beziehung zu Ägypten. In der klassischen Antike erleben Sie den Kampf um Troja und die Romanze zwischen Königin Kleopatra und Marcus Antonius. Sie erfahren von der Allmacht des deutschen Kaisers Karl V., dem Amerikanischen Bürgerkrieg, den Pionieren der Luftfahrt und der Geschichte des Bogenschießens. Thomas Mann und sein Roman ›Der Zauberberg‹ sind ebenso ein Thema wie die politische Verführung junger Frauen während der NS-Zeit. Werden Sie Zeuge des deutschen Wirtschaftswunders – und schmunzeln Sie mit uns über die Comic-Helden Asterix und Obelix.

Viel Spaß beim Lesen!

München, im Herbst 2005
Ernst Deissinger und Sascha Priester

Von Propheten, Befreiern und dem Messias

Joseph, Moses und Jesus im Land der Pharaonen

Von Sascha Priester

Das Paar hat eine lange Reise hinter sich. Die Frau ist völlig erschöpft. Der Esel, der sie Hunderte von Kilometern getragen hat, kann vor Durst kaum noch stehen. Auch ihr Mann, der die ganze Zeit nebenhergeschritten ist, muss mit seinen Kräften sparsam umgehen. Und der Säugling im Arm seiner Mutter schreit. Fremd wirken die mit Staub und Schweiß bedeckten Ankömmlinge mit ihrer einfachen, groben Wollkleidung – hier in Ägypten, das erst seit einigen Jahrzehnten von Roms Truppen besetzt ist. Ohne Schutz ist die kleine Karawane von Ort zu Ort und durch die Wüste an den Nil gezogen, stets in der Furcht vor Räubern oder Raubtieren. Doch die Mühe hat sich gelohnt: Die Familie ist jetzt in Sicherheit – fern von den Häschern des Königs Herodes, der aufgrund obskurer Weissagungen alle neugeborenen Kinder in seinem Herrschaftsbereich töten lässt und in panischer Angst vor der Prophezeiung eines Messias lebt, der als wahrer König Israels regieren wird …

Dieses Bild von der Flucht der Heiligen Familie nach Ägypten beruht erstaunlicherweise nur zum Teil auf dem Neuen Testament. Denn das Thema wird ausschließlich im Matthäus-Evangelium (Mt 2,13–23) erwähnt; ein Engel verkündet dem Joseph nach der Abreise der Heiligen Drei Könige ins Morgenland: »Steh auf, nimm das Kind und seine Mutter, und flieh nach Ägypten, und bleibe dort, bis ich es dir sage. Denn Herodes hat vor, das Kind zu suchen und es umzubringen.« Noch in der Nacht bricht die Familie auf. Sie zieht nach Ägypten und bleibt dort bis zum Tod des Königs. Die Rückkehr: Ein Engel fordert die Flüchtlinge auf, wieder nach Israel zu ziehen. Doch in der alten Heimat ist Joseph die politische Situation zu gefährlich, denn jetzt herrscht ein Sohn des Herodes, Archelaos, über Judäa. So lässt sich die Familie in Nazareth nieder, im benachbarten Galiläa.

Das Matthäus-Evangelium verrät nichts über Dauer und Ort des Aufenthalts am Nil. Entscheidend war für den antiken Autor nicht das Leben der Heiligen Familie in Ägypten, sondern die Tatsache, dass Jesus überhaupt dort war. Denn nur dadurch konnten sich die Worte Gottes erfüllen, die die Propheten des Alten Testaments verkündeten: »Aus Ägypten rief ich meinen Sohn«, steht bei Hosea (Hos 11,1). Und auch Stellen bei Jesaja werden rückblickend auf Jesus in Ägypten bezogen, wie: »Zu der Zeit wird für den Herrn ein Altar mitten im Ägyptenland sein und ein Steinmal für den Herrn an seiner Grenze; das wird Zeichen und Zeugnis sein für den Herrn der Heere im Land Ägypten« (Jes 19,19–20).

In der alten Marienkirche des ägyptischen Klosters Al-Meharrak wird der »Altar« gezeigt: Nach dem Glauben der Kopten, der Christen in Ägypten also, soll der Erlöser auf diesem Fels geschlafen haben, als die Heilige Familie hier sechs Monate lang lebte. Das von Jesaja erwähnte »Steinmal« wird zum Sitz des Apostels Markus, der gemäß der Überlieferung in Ägypten das Christentum auf den Spuren von Jesus verkündete. Und viele Kirchen und Klöster erinnern dort heute an Stätten, die angeblich von der Heiligen Familie aufgesucht wurden. Die zahlreichen Darstellungen der »Flucht nach Ägypten« in Kunst und Literatur beruhen vor allem auf der Jesus-Geschichte, wie sie das Pseudo-Matthäus-Evangelium erzählt, eine apokryphe Schrift, die trotz ihrer Bekanntheit nicht in den offiziellen Kanon des Neuen Testaments aufgenommen wurde. Im Mittelalter galt der 14. Januar als Gedenktag der Heiligen Familie, heute wird er am 26. Dezember gefeiert – unabhängig davon, ob es sich bei dieser Episode um ein echtes biografisches Detail aus dem Lebenslauf von Jesus handelt oder nicht.

Szenenwechsel: Es ist die Dunkelheit, die den jungen Kanaaniter am meisten ängstigt. Und wird jemand seine Hilfeschreie hören? Die Stimmen seiner Brüder klingen ihm noch in den Ohren – ihm, Joseph, den sie wegen seines schönen Mantels hassen und wegen der abgöttischen Liebe seines Vaters Jakob, der ihn noch im hohen Alter gezeugt hat. Sie haben ihn verspottet, weil sie hart im Freien arbeiten müssen und nicht wie er im gemütlichen Zelt leben können. Joseph sieht sich noch auf der Suche nach ihnen, auf dem Weg von Hebron nach Norden. In Dotan findet er seine Brüder. Doch dann haben sie ihn einfach in eine leere Zisterne geworfen, zurückgelassen und einem unbestimmten Schicksal ausgeliefert. Plötzlich hört Joseph Stimmen. Ein

Seil wird hinuntergelassen, und starke Arme greifen nach ihm. Hat sich seine Familie eines Besseren besonnen?

Schnell wird Joseph der perfide Plan klar: Er wird nicht gerettet, sondern von seinen Brüdern als Sklave an eine nach Ägypten ziehende Karawane verkauft – seine Bitte um Gnade ist vergebens. Gefesselt blickt er noch einmal zurück und sieht, wie zwanzig Silberstücke ihren Besitzer wechseln. Andere zerreißen sein kostbares, bunt gewebtes Gewand und tauchen es in das Blut einer Ziege. So können sie den trauernden Vater belügen und vom Tod Josephs erzählen, den ein wildes Tier angefallen habe. Diese Ereignisse – der Schilderung des Alten Testaments nachempfunden (1. Moses 37,1–36) – lassen sich heute noch an Orten in Israel vergegenwärtigen, die traditionell mit der biblischen Erzählung verbunden werden. Aber die Nomadenfamilie Josephs hinterließ keine konkreten archäologischen Spuren. Der in diesem Zusammenhang oft in Büchern abgebildete Brunnen von el-Jib wurde erst Jahrhunderte nach der Zeit Josephs angelegt, um die antike Stadt Gibeon mit Wasser zu versorgen.

> **„Den Pharao plagten düstere Visionen.“**

… Wenn Joseph zurückdenkt, kommt ihm jetzt alles wie ein Wunder vor. Er denkt an den Tag, als er Ägyptens Boden betrat. An die anders gekleideten Menschen, die sich in einer ihm fremden Sprache unterhielten und seltsame Götter in Tiergestalt anbeteten. An seinen neuen Herrn Potiphar, den Hofbeamten des Pharaos. Schnell hat er sich an sein zweites Leben gewöhnt und eine erstaunliche Karriere gemacht: vom Haussklaven und Leibdiener zum Hausverwalter. Dann steigt Bitterkeit in seiner Erinnerung auf: Immer wieder wich er den Annäherungsversuchen der Hausherrin aus. Und dann bezichtigte ausgerechnet sie ihn der versuchten Vergewaltigung. Die Bilder vor dem geistigen Auge werden schneller: der Wutausbruch Potiphars, die Verhöre und am Ende das Gefängnis. Schließlich erhörte Gott seine Gebete: Joseph zeichnete sich bei seinen Mitinsassen als Traumdeuter aus. Und nach zwei Jahren Haft erhielt er eine Chance, seine Freiheit wiederzuerlangen. Den Pharao plagten düstere Visionen: Er träumte, am Ufer des Nils zu stehen, aus dem sieben fette und sieben magere Kühe stiegen. Die verhungernden Tiere fraßen die kräftigen, doch dies änderte nichts an ihrer Ausgezehrtheit. Und der Herrscher sah im

Schlaf auch sieben dünne Ähren an einem Halm, die sieben schöne Ähren verschlangen. Nur Joseph konnte das Rätsel lösen: Die Tiere und Pflanzen des Traums standen für sieben »fette« Jahre des Überflusses in Ägypten, auf die sieben »magere« Jahre der Armut folgen würden. Der Pharao war beeindruckt – von einem Mann, der nicht nur Träume deuten konnte, sondern auch sofort praktische Ratschläge gab, um Vorkehrungen für die bevorstehenden Ereignisse zu treffen. So wurde aus dem 30-jährigen Häftling ein königlicher Beamter, der durch kluge Vorratswirtschaft und den Bau riesiger Kornspeicher die drohende Hungersnot abwenden konnte.

Und nun lebt er, der Kanaaniter, wie ein Ägypter – mit einem neuen Namen: »Djeduenef, der genannt wird Ipiankhu.« Als königlicher Wesir genießt Joseph den Wohlstand; er trägt kostbare Gewänder aus Leinen, den Siegelring und die Halskette des Pharao. Zu Hause warten die Kinder und seine Gemahlin Asenat auf ihn, eine Priestertochter aus On, der Stadt des Sonnengottes Ra. Selbst seine Brüder erkannten ihn zunächst nicht. Er lächelt, als er an den Tag denkt, an dem auch seine Familie von Kanaan nach Ägypten zog, um dort die Herden zu weiden. Als sein Vater Jakob stirbt, lässt er den Leichnam gemäß der ägyptischen Sitte einbalsamieren – vierzig Tage dauert diese Prozedur und siebzig Tage die Totenklage. Und um sein Gelübde zu erfüllen, geleitet Joseph den Verstorbenen in die alte Heimat, wo er die Mumie in Hebron, in der Höhle Machpela, beisetzen lässt. So, wie es sich der Wesir jetzt für sein eigenes Begräbnis wünscht …

„So wurde aus dem 30-jährigen Häftling ein königlicher Beamter.“

Von der Bibel (1. Moses 39–50) abgesehen, gibt es bisher keinen eindeutigen Beweis für den historischen »Joseph in Ägypten« – auch wenn sich Werner Keller in seinem Bestseller ›Und die Bibel hat doch recht‹ noch so sehr bemüht, die allgemeine Schilderung des Lebens am Nil als Beleg für die »Wahrheit des Alten Testaments« anzuführen. Tatsache ist, dass die Potiphar-Episode der Joseph-Geschichte stark einem altägyptischen Märchen aus der Zeit von Ramses II. (1279–1213 v. Chr.) ähnelt: In der auf Papyrus verewigten Nil-Version geht es um zwei Brüder. Als die eigene Schwägerin den Jüngeren verführen will, weigert sich dieser und wird nun – wie Joseph – seinerseits der Vergewaltigung bezichtigt. Auch hier gibt es ein Happy End. Die beiden Brüder versöhnen sich wieder; die intrigante Ehefrau des Älteren hat das Nachsehen.

Selbst wenn man von einem historischen Kern der Joseph-Erzählung ausgeht, gibt es ein Problem. Denn zu welchem Zeitpunkt der ägyptischen Geschichte konnte ein Kanaaniter überhaupt zum Günstling des Pharaos aufsteigen? Auf der Suche nach Beweisen schlagen Theologen und Joseph-Forscher dabei oft ausgerechnet eine Epoche vor, über die man nur sehr wenig weiß – die Zeit der Hyksos in Ägypten. Das Szenario: Um das Jahr 1630 v. Chr. eroberte dieses Volk von Nordosten her das Land am Nil, und zwar mit dem von zwei Pferden gezogenen Streitwagen – einer wirkungsvollen Geheimwaffe, die den Ägyptern bisher unbekannt war. Die neuen Machthaber siedelten abseits der Metropolen Theben oder Memphis. Sie errichteten ihre Residenz in Auaris am östlichen Rand des Nildeltas, einer damals bereits seit Generationen bewohnten Siedlung. Von dort aus regierten die Hyksos-Könige während der nächsten hundert Jahre als Pharaonen das Land, bis sich die Lokalfürsten von Theben, Seqenenre mit seinen Söhnen Kamose und Ahmose, zum Aufstand gegen die Besatzer erhoben und sie vertrieben.

„Eine echte Sensation erwartete die Forscher: Die Bewohner waren keine Ägypter, sondern Kanaaniter.“

Etwas Licht in das Dunkel dieser Zeit brachten Ausgrabungen in Auaris (heute: Tell ed-Daba), die Manfred Bietak, Leiter des Österreichischen Archäologischen Instituts Kairo, vor wenigen Jahren durchführte. Keramikfunde belegen, dass die Ägypter hier regen Handelskontakt mit Beduinen jenseits der Grenzen des Reichs pflegten. Die eigentliche Überraschung brachten jedoch Forschungen in ’Ezbet Helmi, einen Kilometer westlich von Tell ed-Daba. Dort fanden die Ägyptologen die Zitadelle von Auaris. Hunderte von zerschlagenen Gefäßen dokumentieren die Zerstörung der Burg durch Ahmose um 1520 v. Chr. Eine echte Sensation erwartete die Forscher: Die Bewohner waren keine Ägypter, sondern Kanaaniter – Vertreter einer Kultur der Mittleren Bronzezeit. Sie siedelten auch in Syrien und Palästina und unterhielten weitreichende Handelsbeziehungen im Vorderen Orient. Ist die Joseph-Geschichte der Bibel also nur ein literarischer Reflex der aus dem asiatischen Raum einwandernden Hyksos? Eine Erzählung, die in späterer Zeit vor dem Hintergrund von tatsächlichen Handelsbeziehungen zwischen Ägypten und seinen Nachbarstaaten im Osten entstanden ist?

Für viele Forscher reicht dieses Erklärungsmodell nicht aus. So behauptet der Ägyptologe David Rohl in seinem Werk ›Pharaonen und Propheten‹, dass die Entdeckungen der österreichischen Wissenschaftler direkt mit Joseph zusammenhingen: Die in Auaris ausgegrabenen Ruinen einer Villenanlage erklärt der britische Autor zum »Palast des Wesirs Joseph«. Im Garten des Anwesens erhob sich einst eine Pyramide; sie wird als »Josephsgrab« identifiziert. Und die dort in einer Kapelle gefundenen Skulpturreste eines Mannes mit asiatischer Haartracht, der ein Wurfholz als Zeichen eines ausländischen Würdenträgers besitzt, interpretiert David Rohl als Kultstatue, die Joseph in dem aus der Bibel bekannten bunten Gewand gezeigt habe.

„Joseph bleibt als historische Figur ein Phantom der ägyptischen Geschichte."

Abgesehen davon, dass Josephs Brüder laut Altem Testament dieses Kleidungsstück zerrissen, lange bevor der Kanaaniter überhaupt nach Ägypten kam – eine derartige Argumentation wirkt (bei aller Faszination) wenig überzeugend. Das Problem ist die Chronologie: Denn die von Manfred Bietak erforschten Villen- und Pyramidenreste stammen nicht aus der Epoche der Hyksos, sondern sind rund 200 Jahre älter – aus der Zeit, als der Verwaltungssitz Auaris gegründet wurde. Joseph, der laut Altem Testament – wie sein Vater Jakob – nach dem Tod mumifiziert und in Binden gewickelt wurde (1. Moses 50,26), bleibt daher als historische Figur ein Phantom der ägyptischen Geschichte; von der Bibel abgesehen, ist er weder durch Inschriften noch Monumente belegt. So stellt sich auch hier die Frage: Macht der Bibeltext mit der Figur des eingewanderten Pharao-Vertrauten Joseph Vorgänge lebendig, die tatsächlich, wenn auch zu ganz unterschiedlichen Zeiten, passiert sind – wie im Fall des asiatischen Wesirs und der Kanaaniter in Auaris?

Mit der jetzt archäologisch nachgewiesenen Vertreibung der »fremden« Hyksos aus Ägypten – ihrem erzwungenen Exodus – hat auch die

Diskussion um eine weitere biblische Episode neue Nahrung erhalten: Könnte nicht auch der Auszug der Israeliten auf diese Vergangenheit der Kanaaniter anspielen? Jedenfalls bieten die Jahrhunderte später entstandenen biblischen Überlieferungen keine zuverlässigen Angaben über den Aufenthalt der Hebräer in Ägypten. Die meisten Bibelkommentare und Sachbücher verweisen dabei auf ein Zitat: »Der Aufenthalt der Israeliten in Ägypten dauerte 430 Jahre« (2. Moses 12,40). Aber die Zusammenstellung der heute verwendeten Textfassung des Alten Testaments wurde erst im 4. Jahrhundert n. Chr. vorgenommen. Und schon viel früher schreibt der jüdische Ex-Widerstandskämpfer und Historiker Flavius Josephus über dieses Thema. Für sein am Ende des 1. Jahrhunderts n. Chr. verfasstes Werk ›Jüdische Altertümer‹ standen dem antiken Autor viele ältere Texte zur Verfügung.

O-Ton Flavius Josephus zum Thema »Exodus der Israeliten«: »Sie verließen aber Ägypten … im 430. Jahr nach der Ankunft unseres Vaters Abraham in Kanaan und im 215. Jahr nach dem Zuge Jakobs gen Ägypten.« Der Fall ist klar: Beim wiederholten Abschreiben der Schriftrollen war die – für das Verständnis der Bibelstelle entscheidende – Erwähnung von Kanaan weggefallen. Dies belegt die noch vollständige griechische Übersetzung des Alten Testaments (Septuaginta) aus dem 3. Jahrhundert v. Chr.: »Und der Aufenthalt der Kinder Israels, das heißt die Zeit, die sie im Land Ägypten und im Land von Kanaan lebten, dauerte 430 Jahre.« Und auch frühere Fassungen des Alten Testaments enthalten diesen ausführlichen Text. Bibelwissenschaftler nehmen an, dass zwischen Abrahams Wanderung und der Zeit Josephs in Ägypten über 200 Jahre vergingen, sodass der auch von Flavius Josephus überlieferte 215-jährige Aufenthalt rechnerisch durchaus möglich gewesen sein könnte.

„Die Bibel schildert das Leben der Nachkommen der Joseph-Familie.“

Die Bibel schildert das Leben der Nachkommen der Joseph-Familie und ihrer Nachkommen im fruchtbaren Nildelta, das als Weideland und für die Viehzucht bestens geeignet war, sehr anschaulich. Aus anfänglich siebzig Personen, die zusammen mit Jakob nach Ägypten gekommen waren, hatte sich ein Volk entwickelt (2. Moses 1,7): »Aber die Söhne Israels waren fruchtbar, sodass das Land von ihnen wimmelte. Sie vermehrten sich und wurden überaus stark; sie bevölkerten das Land.« Dann änderten sich die Machtverhältnisse – zu Ungunsten der Israeliten (2. Moses 1,8): »In Ägypten kam ein neuer König an die Macht, der Joseph nicht gekannt hatte.« Und die Maßnahmen dieses Pharaos, den die Bibel nicht namentlich nennt, waren drastisch: Von der Anzahl der Hebräer irritiert, wittert der Herrscher die Gefahr potenzieller Kollaborateure im Kriegsfall. Um das Volk unter Druck zu setzen, wurde den Israeliten befohlen, für den Pharao »die Städte Pitom und Ramses als Vorratslager« (2. Moses 1,11) zu bauen – unter der Aufsicht eigens eingesetzter Beamter. Doch der ägyptische Plan, die Hebräer auf diese Weise zu kontrollieren, ging nicht auf: »Je mehr man sie aber unter Druck hielt, umso stärker vermehrten sie sich und breiteten sie sich aus, sodass die Ägypter vor ihnen das Grauen packte. Daher gingen sie hart gegen die Israeliten vor und machten sie zu Sklaven« (2. Moses 1,12–13). Erst einem neuen Helden sollte es gelingen, das Volk aus dieser Knechtschaft zu befreien: Moses.

… Der Blick des alten, auf einen Stab gestützten Mannes geht hinüber – jenseits des Jordan-Flusses, in das Gelobte Land, das er selbst nicht mehr betreten wird. Im Tal zieht sein Volk einer ungewissen Zukunft entgegen, doch er hat seine Aufgabe erfüllt. In einem Mumienschrein führen die Hebräer den einbalsamierten Leichnam Josephs mit, der vor Jahrhunderten sein Volk an den Nil brachte und der jetzt in Kanaan, dem Land seiner Vorväter, bestattet werden wird. Aber wie hatte für ihn, Moses, alles begonnen, damals in Ägypten? Jeder Hebräer kennt die Geschichte seiner wundersamen Rettung: Von seiner leiblichen Mutter, einer Israelitin, vor den mordenden Soldaten des Ägypterkönigs in einem Schilfkasten versteckt und dem Nil und damit Gottes Gnade überantwortet, fand ihn die Tochter des Pharaos im Schilf. Sie nannte ihn »Moses«, »Sohn«, wurde zu seiner zweiten Mutter und zog ihn wohl behütet am Hof des Pharaos auf. Bis der junge Prinz einen Totschlag beging: Kaltblütig erschlug er einen Ägypter, der einen Hebräer töten wollte. Er mischte sich in deren Streit ein, und trotz aller Vorsichtsmaßnahmen hatte man ihn bei seiner Untat beobachtet. Dann flüchtete er – vor der Polizei des Pharaos und vor sich selbst. Erst im Lande Midian kam er zur Ruhe.

„Sie nannte ihn »Moses«, »Sohn«.“

Schließlich die Offenbarung: Gott zeigte sich ihm am Berg Horeb und hat ihn seitdem nie mehr verlassen. Aus Moses, dem Ägypter, wurde Moses, der Retter seines eigenen Volkes. Denn wie sonst wären all diese Wunder zu erklären: der brennende Dornbusch, die Plagen über Ägypten und die Feuersäule, die die Hebräer bei Tag und Nacht begleitete. Und schließlich das Meer, das sich vor den Israeliten geteilt und hinter ihnen die Streitwagen des Pharaos verschlungen hatte.

Vergeblich wollte der Herrscher seine Sklaven zurückholen, die er in einem Moment der Furcht und Schwäche ziehen ließ. Selbst in der Wüste fanden die Hebräer mit Gottes Hilfe Nahrung. Siege über die feindlichen Amalekiter und dann, in der Wüste Sinai, das Gespräch mit Gott auf dem Berg, die Zehn Gebote und bei seiner Rückkehr ins Tal der Tanz seines Volkes um das Goldene Kalb. Sein Zorn war unermesslich; Moses zerschmetterte die Tafeln Gottes eigenhändig am Felsen. Später fertigte er, nach dem Vorbild der alten Steinplatten, neue an: für Gebote und Regeln, die das Volk Israel in Zukunft zu befolgen hatte. Jetzt ist er müde. Es war ein langer Weg hierher, zum Berg Nebo, dem Endpunkt seiner irdischen Reise …

> **„Wer war der anonyme Pharao zur Zeit des Exodus?“**

Sucht man nach Belegen für den historischen Gehalt der Moses-Erzählung und konzentriert sich dabei auf den ägyptischen Teil, stößt man schnell an seine Grenzen: Wer war der anonyme Pharao zur Zeit des Exodus, den Forscher immer wieder als Ramses II. (1279–1213 v. Chr.) identifizieren? Und wo lagen die Städte Pitom und Ramses? Der Theologe und Buchautor Walter-Jörg Langbein fasst den bisherigen Kenntnisstand mit einem Satz zusammen: »Eine Stadt Ramses hat es nie gegeben, wohl aber Pharao Ramses II., der die Stadt Pi-Ramesse erweitern ließ.« Während die Lage von Pitom noch umstritten ist, wurde Pi-Ramesse, das »Haus des Ramses«, im heutigen Qantir lokalisiert, rund sechzig Kilometer nordöstlich von Kairo – in unmittelbarer Nachbarschaft des alten Auaris. Bisher konnte nur ein Bruchteil der dreißig Quadratkilometer großen Stadt mit Magnetometer-Messungen und Sondagen erforscht werden. Dabei entdeckten die Archäologen Aufsehenerregendes, wic die Medien im Sommer 2000 meldeten: »Der Palast von Ramses II. gefunden« – und der Boden sei sogar mit Blattgold ausgelegt gewesen!

Weniger bekannt ist allerdings der aktuelle Stand zu dem vermeintlichen Sensationsfund: Es handelt sich um keinen Palast, sondern um eine Werkstatt, in der Statuen sowie Kisten mit Gold und Stuck verziert wurden – und mit Farbresten, Kalkstücken und Blattgold als im Boden festgetretenen Abfällen! Bleibt noch das andere spektakuläre Ausgrabungsergebnis: Auf einer Fläche von 17 000 Quadratmetern erstreckte sich ein Gebäudekomplex, den die Forscher als Stallungen für 460 Pferde, Streitwagen- und Gerüstschuppen interpretieren: Sechs Reihen langer Hallen grenzten an einen großen Hof und waren abschüssig angelegt, um vielleicht den Urin der Tiere zu sammeln, den man als Bleichmittel oder Dünger verwendete.

Bestätigen nun die Funde in Pi-Ramesse den biblischen Bericht von der Streitmacht des Exodus-Pharaos? Oder ist nicht doch wieder eine andere Lösung des Rätsels möglich: die Überlieferung des Alten Testaments als Spiegel der historischen Wagenstreitmacht Ägyptens, die in die Geschichte über die Entstehung des Volkes Israel und seine Landnahme eingeflochten wird? Die Joseph-Episode und der Exodus des Alten Testaments als Erzählungen, die jahrhundertelange Völkerbewegungen zusammenfassen?

Mit diesem Verständnis der Bibel würden sich auch weitere – bisher ungelöste, weil unlösbare – Fragen zur »geschichtlichen Wahrheit« des Exodus erübrigen: etwa, ob der Auszug der Israeliten überhaupt stattfand, ob tatsächlich die in der Bibel überlieferten »600 000 Mann« Ägypten verlassen hatten oder doch an die zwei Millionen Menschen, wie Bibel-Historiker glauben. Oder wo das »Schilfmeer« zu suchen sei, das die Israeliten auf der Flucht vor den Soldaten des Pharaos trockenen Fußes durchquert hätten.

Und »Moses, der Ägypter«, wie ihn der Heidelberger Wissenschaftler Jan Assmann treffend nannte? Seine Person und Taten könnten wie andere biblische Figuren nach Jahrzehnten hitziger Diskussionen endlich frei von einer krampfhaften Suche nach »geschichtlicher Wahrheit« verstanden werden: als Gestalten jahrtausendealter Überlieferungen und tiefen Glaubens mehrerer Weltreligionen, die, fern von Jahreszahlen und Lebensläufen, längst eine eigene historische Identität besitzen. So gesehen hätte die Bibel dann doch Recht.

Denn viele Jahrhunderte nach Joseph, der die Kanaaniter nach Ägypten brachte, und nach Moses, dem Retter der Israeliten aus der ägyptischen Knechtschaft, lassen die Evangelisten nochmals einen Juden an die Ufer des Nils zurückkehren – dorthin, wo für das Volk Israel alles begann. Und wie schon der kleine Moses muss dieser hebräische Säugling von seinen Eltern Joseph und Maria vor der Raserei eines Kinder mordenden Königs geschützt werden. Aber Jesus war nicht geboren worden, um hier zu sterben. Erst später sollte er als Messias durch seinen Tod am Kreuz die ganze Welt erlösen – mit dem Gottessohn auf Erden hatte sich der Kreis der alten Prophezeiungen geschlossen.

Der Streit um den Trojanischen Krieg

Homers Epen zwischen Dichtung und Wahrheit

Von Stefan Primbs

Ein marmornes Ortsschild, offenbar nagelneu, empfängt den Besucher der Troja-Ausgrabungsstätte im türkischen Hisarlik: »Ilios – Wilusa« steht da, eingemeißelt in schlichten modernen Lettern. Gleich dahinter führt ein Steg hinab in die zerschlissenen Eingeweide dieses Hügels, der seit mehr als hundert Jahren wie kaum ein anderer immer wieder von Archäologen umgegraben und abgetragen wird. Steinerne Wände türmen sich auf, die dreitausend Jahre lang von Erde bedeckt waren. Unwillkürlich ergreift den Besucher Ehrfurcht. Sind das die »hohen Mauern« mit den »ragenden Türmen« und »fest gezimmerten Toren«, gegen die die »am Haupte langhaarigen Achäer« zehn Jahre lang vergebens anrannten und die sie nur dank der List mit dem hölzernen Pferd überwinden konnten, wie Homer es schildert?

Seit Heinrich Schliemann diskutiert die wissenschaftliche Welt über diese Frage. Schliemann war sich sicher, dass er den richtigen Ort gefunden hatte. Doch nach ihm tendierte die Forschung wieder dazu, Homers Werk als reine Sage abzutun. Erst Mitte der 1980er Jahre schlug das Pendel in die andere Richtung aus. Eine Ausgrabungskampagne in Hisarlik unter dem deutschen Archäologen Manfred Korfmann und neue Erkenntnisse über die Hethiter, die im 2. Jahrtausend v. Chr. als Großmacht in der heutigen Türkei herrschten, warfen ein neues Licht auf die politische Situation im Kleinasien jener Zeit.

Präsentiert wurde die neue Sicht der Dinge im Jahr 2001 in einer großen Ausstellung mit dem Titel ›Troia – Traum und Wirklichkeit‹, die in Stuttgart, Braunschweig und Bonn Station machte. Der Besucheransturm war überwältigend. Endlich schien die Welt Homers entziffert. Doch genau dieser Eindruck rief die Kritiker auf den Plan. Der schärfste davon kam ausgerechnet von Korfmanns Universität Tübingen: Frank Kolb, ein Althistoriker. In dem darauf folgenden öffentlichen Schlagabtausch schenkten sich die Kontrahenten nichts. Die

Vorwürfe reichten bis hin zur Behauptung Kolbs, Korfmann würde Forschungsergebnisse aus politischen Gründen frisieren. Immerhin benötigen archäologische Grabungen wie die in Hisarlik viel Geld und das Wohlwollen der Politik hierzulande wie in der Türkei. Eine wissenschaftliche Tagung im Februar 2002 an der Universität Tübingen sollte die Wogen glätten, doch das so genannte »Symposium« artete zum Showdown aus, bei dem sich die Forscher gegenseitig bloßzustellen versuchten.

Die Welt der deutschen Altertumswissenschaftler teilt sich seither in zwei Parteien. Der Einfachheit halber nennen wir die eine Partei die »Troja-Gläubigen«. Für sie ist Hisarlik eine außerordentlich bedeutende archäologische Stätte, die in mykenischer Zeit eine zentrale Stellung einnahm; sie hält einen Zusammenhang mit Homers Epen nicht für unwahrscheinlich. Die andere Partei hält diese Verbindung – überspitzt formuliert – für wissenschaftliche Scharlatanerie und glaubt, dass Homers Epos kaum als historische Quelle für die Zeit um 1200 v. Chr. nutzbar ist. In ihren Augen schrumpft das Hisarlik der mykenischen Zeit auf eine Siedlung mit nur regionaler Bedeutung zusammen. Diese Partei nennen wir vereinfacht die »Troja-Skeptiker«. In neuen Büchern legen Forscher beider Seiten ihre Thesen dar. Dabei unterscheiden sich natürlich auch die einzelnen Meinungen innerhalb dieser Parteien, und – auch das ein Ergebnis des Streits – die Grenzen zwischen den Parteien beginnen langsam aufzuweichen. Eingebunden sind in die Auseinandersetzung neben Archäologen und Historikern auch Fachleute anderer Disziplinen: Hethitologen und Ägyptologen, Sprach- und Literaturwissenschaftler oder Völkerkundler. Die Schlüsselfragen des Troja-Streits lauten:

Ist Hisarlik Homers Troja? Manfred Korfmann meint aufgrund seiner Ausgrabungen und der Lage markanter Einzelheiten: »Man kann heute feststellen, dass alle derzeit für die Archäologie auswertbaren topografischen Angaben Homers in etwa zutreffen.« Das »in etwa« kann damit erklärt werden, dass die Stadt zu Lebzeiten Homers in Ruinen lag. Der Dichter musste sie also erst in Gedanken wieder aufbauen, ehe er sie als Schauplatz für seine Geschichte verwenden konnte. Für Troja-Gläubige ist damit klar, dass Homers »Ilias hier gespielt haben muss« und dass seine Schilderungen auf »einen erheblichen historischen Wahrheitsgehalt« schließen lassen. Den Troja-Skeptikern zufolge kann dagegen eine vage »In-Etwa-Übereinstimmung« in der Archäologie grundsätzlich keine tragfähige Basis für eine solche Gleichsetzung sein. Die vielen Irrtümer in der Vergangenheit hätten das gezeigt. Doch selbst wenn Homer tatsächlich Hisarlik als Kulisse für die Ilias gewählt haben sollte, heißt das noch nicht, dass seine Geschichte vom Trojanischen Krieg historisch ist. Bad Tölz ist ja auch keine Hochburg der Kriminalität, nur weil die Stadt als Kulisse der Krimi-Serie ›Der Bulle von Tölz‹ herhalten muss.

Hieß Homers Troja »Wilusa«? Keilschrifttafeln der Hethiter belegen: Etwa in der Zeit von 1700 bis 1200 v. Chr. gab es mit den Hethitern verbündete Mächte namens »Wilusa« und »Taruisa«. Diese Bezeichnungen ähneln Homers Namen für die belagerte Stadt. »Ilion/Ilios« könnte mit »Wilusa« identisch sein, »Troja« mit »Taruisa«. Forschungen am Text Homers ergaben überdies, dass die ursprüngliche Form von Ilios wahrscheinlich »Wilios« lautete, was diese These weiter erhärtet. Allerdings gehen die hethitischen Quellen von zwei Namen für zwei Länder aus, während Homer beide Begriffe für ein und dieselbe Stadt verwendet. Jedenfalls gilt es als wahrscheinlich, dass die hethitischen Begriffe mit den homerischen zu tun haben.

Wo lag »Wilusa«? Wissenschaftler haben nun anhand vieler Quellen eine historische Landkarte des Gebiets der heutigen Türkei zur Hethiterzeit entworfen. Dafür waren einige Hypothesen notwendig, die mit Unsicherheiten verbunden sind, denn die Identifizierung hethitischer Ortsnamen mit heutigen oder antiken Orten ist oft nicht eindeutig. Wenn aber diese Karte stimmt, muss Wilusa in Westkleinasien gelegen haben. Und weil die Landkarte dort schon weitgehend »voll« ist, bleibt nach Meinung der Troja-Gläubigen nur das Gebiet um Hisarlik, die »Troas«, für Wilusa übrig. Troja-Skeptiker halten das lediglich für eine Hypothese. Sie suchen auch in anderen Gegenden nach einem Wilusa und verweisen auf Forschungen der Ägyptologen. Denn auch die Ägypter standen in jener Zeit in Kontakt zu Westkleinasien. Doch die Ägypter nannten die Gegend, in der Hisarlik liegt, Dardanja und nicht Wilusa.

Wer waren die »Achäer«? Hethitische Keilschrifttafeln künden von lästigen Feinden im Westen, dem Land »Ahhiyawa«. Wilusa lag (gesetzt, die Karte stimmt) in der immer wieder umkämpften Pufferzone, in der die Interessen der Hethiter und der Ahhiyawaer zusammentrafen. Nun nennt Homer die Griechen in seinem Epos unter anderem »Achäer« – haben wir es hier also wieder mit einer Namensähnlichkeit zu tun wie bei Wilusa/Ilios? Man könne nicht beweisen, dass die mykenischen Griechen sich selbst ebenfalls so nannten, wenden die Troja-Skeptiker ein. Selbst wenn mit »Ahhiyawa« eine mykenisch-griechische Macht gemeint war, sei nicht klar, ob sie eine Art gesamtgriechisches Reich gebildet hat, wie Homer es schildert. Es fehlen auch Belege dafür, dass die Ahhiyawaer Krieg gegen Wilusa geführt hätten. Ein Bezug der hethitisch-mykenischen Auseinandersetzungen zur Ilias ist also nicht zwingend.

Was wusste Homer? Homers Epen entstanden im 8. Jahrhundert, etwa um 720 v. Chr. Hisarlik war damals eine Ruine, die zwar noch als Heiligtum diente, aber ansonsten weitgehend unbewohnt war. Die mykenische Zeit, in welcher der Krieg stattgefunden haben soll, lag da schon etwa 500 Jahre zurück. Irgendwie müsste also die Erinnerung an diese frühen Ereignisse zu Homer gelangt sein. Doch in der Zwischenzeit hatten die Griechen auch das Schreiben und Lesen wieder verlernt (und neu gelernt). Forschungen von Völkerkundlern haben ergeben, dass die Erinnerung an Ereignisse in einem Volk allein durch mündliche Überlieferung allerhöchstens über drei Generationen bewahrt wird. Es sei denn, das Ereignis wurde in Gedichtform auswendig gelernt und so weitergegeben. Denn der Rhythmus oder Reim von Versen verhindert, dass die Weitererzähler allzu viele Änderungen vornehmen. Homer verfasste seine Epen in Hexametern, also einem Versmaß, das vor allem durch eine fixe Sprachmelodie und einen Rhythmus festgelegt ist. Und Homer verwendete dazu »Bausteine« von älteren Vorlagen, die er in sein Werk einbaute. Doch wie alt sind diese Vorlagen? Eine knifflige Aufgabe für Sprach- und Literaturwissenschaftler, die in Homers Text nach älteren Vorstufen forschen. Der »Troja-Gläubige« Joachim Latacz kommt dabei zu dem Ergebnis: »Die Troja-Geschichte ist in der mykenischen Zeit erdacht und (…) durch (…) Hexameterdichtung (…) zu Homer weitergetragen worden.« Die Homer-Skeptiker dagegen halten das – ebenfalls auf sprachwissenschaftliche Überlegungen gestützt – für wenig wahrscheinlich.

War Troja nur ein Dorf? Damit Hisarlik überhaupt als Schauplatz in Frage kommt, muss es eine gewisse Größe gehabt haben – erstens, um dem Krieg eine Bedeutung zu geben, die eine Überlieferung rechtfertigt, und zweitens, weil Homer Zahlenangaben liefert. Die Schätzungen darüber, wie groß Hisarlik war, hängen im Wesentlichen von der Unterstadt am Fuße des Hügels ab. Eine Bebauung unterhalb des Burgbergs hat es gegeben – so weit sind sich die Forscher immerhin einig. Doch wie dicht war diese Bebauung, wie viele Menschen lebten hier? In der Auseinandersetzung darüber wird deutlich, wie unterschiedlich archäologische Funde gedeutet werden können: So wird ein weitum gezogener Graben von der Troja-Partei als Verteidigungsanlage eingestuft, während Frank Kolb das Ganze eher für einen Entwässerungsgraben hält; ein Stück der angeblichen Stadtmauer der Unterstadt wird zu einem Abwasserkanal, der mit Steinplatten abgedeckt ist; und was die einen auf ein Stadttor tippen lässt, sehen die anderen als Überbleibsel einer Viehtränke. Entsprechend unterschiedlich fallen die Schätzungen für die Größe Hisarliks in jener Zeit aus: Kolb geht von wenigen hundert Einwohnern aus, Korfmann von bis zu 10 000. Ähnlich unterschiedlich wird die Bedeutung der Siedlung eingeschätzt. Die Troja-Ausstellung zeigte eine Landkarte, die die Stadt ins Zentrum eines Handelsnetzes legte, von dem aus Linien bis ins Erzgebirge und ins Baltikum führten. Troja-Gläubige sprechen von einer »Drehscheibe zwischen Ost und West«. Troja-Skeptiker wie der Prähistoriker Bernhard Hänsel stellen fest: »Es gibt keinerlei Nachweis für die Existenz von Händlern, Handelsrouten oder Stapelplätzen. Auch Güter von fremden Plätzen in solchen Mengen, dass sie als Handelsgüter bezeichnet werden können, gibt es nicht.« Damit schrumpft Troja zu einem bloß noch regional bedeutenden Ort an der Nordägäis, in dem es ein wenig Tauschhandel gegeben haben mag.

Stimmt Homers Landkarte? Eine der Schlüsselpassagen für Historiker in der ›Ilias‹ ist der so genannte »Schiffskatalog«. Darin schildert Homer auf etwa acht Druckseiten die Helden und ihre Herkunftsorte. Der Katalog umfasst beinahe ganz Griechenland, enthält 178 Ortsnamen und kommt auf eine Streitmacht von mehr als tausend griechischen Schiffen. Nun sind einige der Städte, die Homer aufführt, unbekannt. Andere waren zu seiner Zeit nicht besiedelt. Die Troja-Gläubigen schließen daraus, dass Homer diesen Schiffskatalog nicht selbst zusammengestellt, sondern aus weit älteren Texten übernommen hat – idealerweise aus mykenischer Zeit. Troja-Skeptiker verweisen dagegen darauf, dass andererseits Griechenstädte, die in mykenischer Zeit sehr mächtig waren, fehlen, während einige Orte, die in mykenischer Zeit kaum Bedeutung hatten, von Homer groß herausgestellt werden. Ihre Folgerung: Homer mischt die politische Landschaft seiner eigenen Zeit mit Orten, die in Sagen und Legenden eine große Rolle spielen.

Untergang im Krieg? Homer schildert den Untergang Trojas durch den Überraschungsangriff der im Bauch des hölzernen Pferdes versteckten Krieger. Am Ende stand die Stadt in Flammen. Das wären Ereignisse, die sich auch durch die Archäologen vor Ort feststellen lassen müssten. Tatsächlich haben die Ausgräber in den Ruinen sowohl Pfeilspitzen als auch Spuren eines Brandes gefunden, außerdem eine Menge Steine, die als Munition für Schleudern dienten. Für Troja-Gläubige sind das Hinweise dafür, dass die Stadt durch einen Krieg – wie ihn Homer schildert – zerstört wurde. Die Skeptiker verweisen hingegen darauf, dass viel zu wenig Pfeil- und Speerspitzen gefunden worden seien, um darin Anzeichen für einen Krieg zu sehen (es handelt sich um fünf solcher Waffenteile). Außerdem seien die Schleudersteine nicht abgeschossen worden. Der festgestellte Großbrand könnte auch natürliche Ursachen haben. Außerdem fand er erst nach der Palastzeit statt, als sowohl Troja wie auch die mykenischen Griechen ihren Niedergang erlebten und der Handel erlahmte. Eine große Belagerung durch mykenische Griechen, wie Homer sie schildert, passe also zu jener Zeit nicht mehr in die politische Landschaft. Die Troja-Gläubigen hingegen argumentieren, dass gerade der Niedergang der Palastkultur ein Machtvakuum entstehen ließ, in dem Kriege umso wahrscheinlicher geworden seien.

Fazit: Homer lesen! Die neuen Veröffentlichungen zeigen zumindest, dass wissenschaftlicher Streit auch fruchtbar ist. Die Frage nach dem historischen Hintergrund für den Trojanischen Krieg bleibt allerdings weiterhin unbeantwortet – und es wird wohl auch noch lange offen bleiben, ob man aus Homers Werken etwas über die Zeit der mykenischen Griechen lernen kann. Für den Rang als Meisterwerke der Literatur ist das jedoch kaum von Belang. Denn aus Homers Werken kann man weitaus Wichtigeres lernen – nämlich, was es heißt, Mensch zu sein.

MONDUIT

Beim Jupiter, die spinnen, die Gallier!

Was Asterix, Obelix und Caesar zu Comic-Helden macht

Von Sven Parplies

Es stinkt nach Schmutz und Verwesung. Schlimmer noch ist der Hunger. Seit mehr als dreißig Tagen ist Vercingetorix, der Oberbefehlshaber der Gallier, mit seinen Kriegern in der befestigten Bergsiedlung Alesia eingeschlossen. Soldaten, alte Männer, Frauen und Kinder streiten sich um die Reste von Getreide und Brot. Unten im Tal lauern die Legionen Caesars – sie haben den Feind mit einem doppelten Befestigungswall eingeschlossen und warten, dass der Hunger Vercingetorix zur Kapitulation zwingt. Aber auch ein gallisches Entsatzheer kann Alesia nicht mehr retten. Vier Tage tobt die Schlacht – dann besiegelt ein Überraschungsangriff der römischen Reiterei das Schicksal der Gallier. Vercingetorix rettet sich nach Alesia und muss schließlich Caesar seine Waffen übergeben. Gallien war besiegt. Ja, ganz Gallien.

Es dauerte 2000 Jahre, bis die Urahnen des Vercingetorix Rache nahmen. Nicht mit Schwertern und Speeren, sondern mit spitzer Feder und Pinsel. René Goscinny und Albert Uderzo heißen die Helden des modernen Frankreich, die mit ihrer Comic-Serie ›Asterix‹ den Kampf gegen die einstigen Besatzer wieder aufleben lassen. Dank des Zaubertranks des Druiden Miraculix endet jeder Versuch der Römer, das kleine rebellische Dorf zu erobern, als Fiasko. Natürlich können Uderzo und Goscinny die Vergangenheit nicht ändern. Stattdessen liefern sie eine mit Humor und bissiger Ironie versehene Neuinterpretation der Frühgeschichte ihres Landes. Auch die Kapitulation bei Alesia wird umgeschrieben: Gleich im ersten Band der Comic-Serie tritt Vercingetorix stolz und unbeugsam vor Caesar und schleudert ihm die Waffen auf die Füße. Der römische Feldherr schreit auf und hüpft jaulend davon.

Doch Uderzo und Goscinny inszenieren ihre Comic-Serie nicht einfach nur als verspätete Abrechnung mit den Römern. Sie zeichnen zugleich ein vielschichtiges Porträt der antiken Lebenswelt. Allerdings stehen auch die Schöpfer von Asterix vor dem Dilemma, dass die historischen Überlieferungen aus jener Zeit lückenhaft sind. Schriftliche Zeugnisse stammen fast nur aus römischer Hand. Die Gallier haben lediglich einige Münzen und Inschriften hinterlassen. Auch die archäologischen Funde sind spärlich. Anders als die Historiker können die Künstler Lücken der Überlieferung ungeniert schließen – mit Fantasie und humorvollen Anleihen aus anderen Epochen, etwa roten Doppeldeckerkutschen in London und anonymen Nummernkonten in der Schweiz. Trotz intensiver Recherche haben sich allerdings bei Goscinny und Uderzo einige Fehler eingeschlichen.

„Anders als die Historiker können die Künstler Lücken der Überlieferung ungeniert schließen.“

Wir schreiben also das Jahr 50 v. Chr. Zwei Jahre sind seit der Kapitulation bei Alesia vergangen. An der Küste Aremoricas, in der heutigen Bretagne, liegt das Dorf der unbeugsamen Gallier. Über den Kampf des Vercingetorix wird dort nur sehr selten gesprochen. Lediglich von zwei Dorfbewohnern erfahren wir, dass sie gegen Caesar in die Schlacht gezogen sind: Majestix, der Häuptling, und Methusalix. Bei Letzterem sind Zweifel angebracht. Der streitlustige Veteran ist 93 Jahre alt und hätte den körperlichen Belastungen des Krieges wohl kaum standgehalten.

Miraculix aber hat Vercingetorix den legendären Zaubertrank für den Kampf gegen Caesar nicht zur Verfügung gestellt. Das spricht für die Weisheit des Druiden: Denn der Einsatz der Wunderwaffe hätte unkalkulierbare Nebenwirkungen gehabt. Die Gallier waren keineswegs eine geschlossene Volksgruppe, sondern zersplittert in viele rivalisierende Stämme. Lokale Fürsten fürchteten, Vercingetorix könne selbst die Herrschaft über Gallien an sich reißen. Der Zaubertrank hätte die Spannungen zwischen den Stämmen verschärft. Vielleicht wäre er sogar Caesar in die Hände gefallen, denn viele Gallier kollaborierten während des Krieges mit den Römern. Die Bewahrung der geheimen Rezeptur des Zaubertranks dürfte auch ein Grund sein, warum Asterix und seine Freunde ihre Häuser eng zusammengelegt und durch einen Palisadenzaun gesichert haben – für die damalige Zeit eine eher untypische Siedlungsform. Zwar erwähnt Caesar, dass er gallische Dörfer niederbrennen ließ. Archäologische Funde aber deuten darauf hin, dass es sich dabei meist um lose Ansammlungen von Gebäuden gehandelt haben dürfte. »Die Häuser auf dem Lande lagen in Gallien besonders weit verstreut«, berichtet der französische Althistoriker Paul-Marie Duval.

Auch die Gestalt der Comic-Häuser erweckt Misstrauen. »Zum Bau ihrer Häuser benutzen sie Holz und Flechtwerk und bedecken sie mit großen Mengen an Stroh«, erfahren wir vom griechischen Geografen Strabon (ca. 63 v. Chr.– 26 n. Chr.). Mit dieser Beschreibung deckt sich im Dorf des Asterix am ehesten das Baumhaus des Barden Troubadix. Problematisch sind hingegen Mauern und Schornsteine aus Stein, wie sie bei den meisten der Comic-Gebäude zu sehen sind. Die Verwendung dieses Baumaterials setzte sich in Gallien erst während der Romanisierung durch. Unrealistisch sind architektonische Details: Großflächige Fenster, geräumige Terrassen und gepflegte Rasenflächen orientieren sich eindeutig an modernen Häusern. In Wirklichkeit lebte die gallische Landbevölkerung zu jener Zeit in kargen, oft finsteren Behausungen. Manche waren in Felswände oder bis zur Hälfte in den Boden eingelassen. Die schmalen Fenster, wenn es sie überhaupt gab, waren knapp unter der Decke angebracht – so boten sie dem Wind nur eine geringe Angriffsfläche, ließen aber selbst bei Sonnenschein nur wenig Licht ein. Loderten dann in der Feuerstelle die Flammen, entstand im Innern eine schummrige Atmosphäre, wie sie im Comic in einigen Szenen im Haus des Miraculix angedeutet wird.

„In Wirklichkeit lebte die gallische Landbevölkerung zu jener Zeit in kargen, oft finsteren Behausungen.“

Überhaupt scheint das Leben im Dorf des Asterix ungewöhnlich komfortabel zu sein. Feiern, Faulenzen und gelegentliche Raufereien – das sind die wichtigsten Beschäftigungen. In den Details finden sich jedoch zahlreiche Hinweise auf ein geregeltes Arbeitsleben. Da ist Appendix, dessen Kuhherde das Dorf mit Milch versorgt. Der Barde Troubadix, der als Dorflehrer die Kinder unterrichtet. Ein nicht mit Namen genannter Töpfer, ein Landwirt mit Sense, der Schmied Automatix und der Fischhändler Verleihnix. Rätsel gibt lediglich der Beruf des Obelix auf. Der schwergewichtige Freund des Asterix haut riesige Felsen aus seinem Steinbruch, die er anschließend, meist ohne erkennbares Ziel, durch das Dorf trägt. Hinkelsteinlieferant – dieser Beruf ist in historischen Quellen nicht überliefert.

Hinkelsteine gehören zu den großen Mysterien der Geschichte. Die bekannteste Ansammlung findet sich in Stonehenge, zu dem heute Hobbydruiden und Esoteriker pilgern – im Glauben, es sei eine Tempelstätte der Kelten. Die Steinbauwerke von Stonehenge sind aber mehr als 4000 Jahre alt. Dasselbe gilt für weniger spektakuläre Ansammlungen von Hinkelsteinen in Frankreich. Sie können also weder keltische Kultstätten noch eine Hinterlassenschaft des Obelix sein. Die Spekulationen um die mysteriösen Steinkreise werden von Uderzo gezielt karikiert. Im 1983 erschienenen Band ›Der Sohn des Asterix‹ tauscht Obelix beim Bauern Appendix Hinkelsteine gegen eine Kuh ein. Appendix, der keine rechte Verwendung für die Blöcke hat, lässt sie als Schmuckstücke auf einer Wiese aufstellen und liefert so eine höchst eigenwillige Erklärung für die rätselhafte Hinkelstein-Formation bei Carnac.

Dass Goscinny und Uderzo das Verwirrspiel um die Hinkelsteine Vergnügen bereitete, belegen Aussagen des Comic-Schöpfers. »Die Hinkelsteine des Obelix wurden uns von manchen Historikern übel genommen«, amüsiert sich Uderzo, »es störte sie allerdings mehr, dass ihre Schüler darauf beharrten, die aus den Asterix-Alben stammenden Informationen wären authentisch.« Wie groß die Wirkung der Comic-Welt gerade auf junge Leser ist, erlebte Uderzo bei seiner Tochter: »Anfang der 60er Jahre, als der kleine Gallier noch wenig bekannt war, behauptete sie gegenüber ihrer Lehrerin, die Druiden hießen Miraculix und könnten Zaubertrank herstellen. Ihre Lehrerin starrte sie mit großen Augen an und dachte bestimmt, dass dieses kleine Mädchen eine große Fantasie haben müsste.« Hätte Uderzos Tochter detaillierter aus der Comic-Welt ihres Vaters berichtet, wäre die Reaktion der Lehrerin wohl positiver ausgefallen. Gerade die Figur des Miraculix zeigt, wie exakt sich die Asterix-Abenteuer in vielen Punkten an der historischen Wirklichkeit orientieren, aber auch, wie sie ihre Comic-Figuren mit der Gegenwart verknüpfen.

Die Druiden gehörten neben den Fürsten zu den einflussreichsten Persönlichkeiten der gallischen Gesellschaft. Nach Caesars Beobachtungen nahmen sie eine »hervorragende und ehrenvolle« Stellung ein. Sie waren Magier, Lehrer und Richter. Dementsprechend ist Miraculix eine unumstrittene Autorität. Sein Wort wird auch von Majestix widerspruchslos akzeptiert. Der Druide sitzt im Dorfrat und kennt wie kein anderer Bewohner die Gesetze des Stammes. Von Plinius dem Älteren (um 23/24–79 n. Chr.) erfahren wir, dass die Druiden lange weiße Gewänder trugen. Bei Miraculix haben Uderzo und Goscinny die Kleidung ergänzt: Er trägt einen roten Umhang und blaue Schuhe. Er vereint damit die Farben der französischen Nationalflagge. Da das moderne Frankreich Wert auf die Trennung von Staat und Kirche legt, präsentiert sich auch Miraculix als rational-wissenschaftlicher und so zumindest in diesem Punkt untypischer Vertreter seines Berufsstandes. Wenn er auf Bäume klettert, um Misteln für den Zaubertrank zu schneiden, erinnert nichts an das religiöse Ritual, das Plinius d. Ä. in seiner ›Naturgeschichte‹ schildert: »Sie bereiten nach ihrer Sitte das Opfer und Mahl unter dem Baum und führen zwei weiße Stiere herbei. Der Priester besteigt den Baum und schneidet die Mistel mit einer goldenen Sichel ab: Sie wird mit einem weißen Tuch aufgefangen. Dann schlachten sie die Opfertiere.«

Die goldene Sichel ist also ebenso authentisch wie die besondere Bedeutung der Mistel, die wichtigste Zutat des Zaubertrankes. Ihr wurde in der Antike eine kräftesteigernde Wirkung nachgesagt, wie wir von Plinius erfahren: »Sie meinen, dass die Mistel, in einem Getränk genommen, jedem unfruchtbaren Tier Fruchtbarkeit verleihe.« Von einer solchen Wirkung ist aus der Comic-Welt nichts bekannt, dennoch schätzen die Dorfbewohner den Zaubertrank ihres Druiden: Vor allem der Kampf gegen die Römer ist dank seiner Kunst ein Kinderspiel. Relativ viel ist über die Kleidung der Gallier überliefert. Ihre Mode erregte bei den Beobachtern aus dem Süden besonderes Interesse, da sie sich deutlich von der römischen unterschied. Hosen kannten die Römer zwar aus anderen Kulturen, sie selbst aber trugen zur Zeit Caesars lediglich eine Tunika, wenn erforderlich zusätzlich einen Mantel oder Umhang. Erst später erkannten sie die Vorzüge der gallischen Mode – und so zogen die Legionäre in kalten Regionen ab dem 2. Jahrhundert n. Chr. unter ihre Tunika eine bis zum Knie reichende Hose an. Allerdings verzichteten sie auf die bunten Farben, die die Gallier so liebten. Der

„Die goldene Sichel ist also ebenso authentisch wie die besondere Bedeutung der Mistel.“

griechische Historiker Diodor berichtet von Streifen- und Karomustern – wie auf dem Hemd des Troubadix und der Hose des Obelix zu sehen.

Noch mehr Eindruck hinterließ bei den Römern das wallende Haar der Gallier. Gerade Caesar, der wegen seines spärlichen Haupthaares in Rom verspottet wurde, dürfte neidisch auf diese Pracht geschaut haben. Der griechische Gelehrte Poseidonios schrieb, dass die Haare der Gallier so dick gewesen seien, dass sie beinahe der Mähne eines Pferdes glichen. Von Zöpfen, wie sie Obelix und Majestix tragen, ist in den antiken Quellen aber nicht die Rede. Schon gar nicht von Zöpfen, die mit Schleifchen zusammengehalten werden. Hier handelt es sich offenbar um eine eigenwillige Kreation von Goscinny und Uderzo. Auch die Authentizität der Schnauzbärte ist umstritten. Im Comic sind sie das Erkennungsmerkmal aller Gallier. In Wahrheit dürfte die Mode jener Zeit variantenreicher gewesen sein. Grabsteine und Münzen aus jener Epoche zeigen Gallier mit und ohne Bart. Poseidonios berichtet, dass Schnauzbärte im ersten Jahrhundert v. Chr. vor allem bei vornehmen Galliern »in« waren. Dass ausgerechnet Asterix und seine Freunde zu dieser Gruppe zählten, scheint angesichts der rustikalen Umgangsformen in ihrem Dorf unwahrscheinlich. Eine anrüchige Bemerkung über den Fisch des Verleihnix genügt, um eine Rauferei auszulösen. So hatte bereits Strabon die gallische Mentalität beschrieben: Sie geraten »schnell in Rage und kommen alle zusammen, um sich zu schlagen«. Eine Prügelei unter den Dorfbewohnern ist ebenso fester Bestandteil der Comic-Abenteuer wie die anschließende Versöhnung.

„Die Kriegstaktik der Gallier …“

Caesars Legionäre sind das bevorzugte Opfer der gallischen Rauflust. Wenn die Dorfbewohner die Römerlager stürmen, bleibt nur Kleinholz zurück. Der griechische Historiker Polybios (ca. 200–120 v. Chr.) beschreibt die Kriegstaktik der Gallier: Sie verfügten »über eine unbeschreibliche Anzahl an Hornbläsern und Trompetern, und wann immer sie bliesen und das gesamte Heer einen Kriegsgesang anstimmte, entstand dadurch ein so großes Getöse, dass nicht nur Musikanten und Soldaten, sondern auch die Umgebung Lärm hervorzubringen schien«. Dadurch angetrieben, stürzen die Krieger laut Polybios mit »sinnloser Wut und Raserei« den Römern entgegen. Vergleicht man diese Schilderung mit den Attacken der Comic-Gallier, fällt nur ein wesentlicher Unterschied auf: Asterix und seine Freunde verzichten auf lärmende Musikinstrumente. Vermutlich haben sie, gequält von der zweifelhaften Kunst ihres Barden Troubadix, die Freude an der Musik verloren. Die Wortwahl des Polybios beschreibt im Übrigen recht treffend die Stimmung der Comic-Römer. Für sie müssen die Überfälle der Gallier in der Tat als »sinnlose Wut und Raserei« erscheinen.

Eigentlich müsste Caesar sich um Asterix und dessen Freunde keine Sorgen machen – sie sind nur darauf aus, die Freiheit ihres politisch wie wirtschaftlich bedeutungslosen Dorfes zu verteidigen und versuchen auch nicht, die Römer aus Gallien zu vertreiben. Dennoch ist der Imperator geradezu besessen von der Vorstellung, das kleine Dorf endlich zu unterwerfen. Für Caesar ist es eine Frage der Ehre. Im Rom der Comic-Welt muss er sich wegen der widerspenstigen Gallier vom Senator Stradivarius verspotten lassen. Sogar Kleopatra macht sich über ihren Geliebten lustig. Diese Demütigung kann der Feldherr nicht auf sich sitzen lassen. »Von Natur aus war Caesar ehrgeizig und voller Tatendrang, und seine zahlreichen Erfolge brachten ihn nicht dazu, die Früchte seiner Bemühungen ruhig zu genießen«, erfahren wir von Plutarch. Caesar sei sogar einmal in Tränen ausgebrochen, als er ein Buch über Alexander den Großen gelesen hatte. »Ist es denn kein Grund zum Weinen«, zitiert Plutarch den jungen Caesar, »wenn Alexander in meinem Alter schon über ein ganzes Reich herrschte, während ich noch nichts erreicht habe?«

„Caesars Triumphe auf den Schlachtfeldern der Weltgeschichte verblassen im Comic zu Randnotizen.“

Ein weinender Caesar – so weit lassen es Uderzo und Goscinny nicht kommen. Anders als die einfachen Legionäre, die fast immer als lächerliche oder tragische Figuren karikiert werden, wird der Imperator meist als Respekt einflößende Erscheinung skizziert. Als Vorbilder dienen den Asterix-Schöpfern antike Büsten und Standbilder, aber auch Beschreibungen, wie sie Sueton hinterlassen hat. »Genauso wie aus Vercingetorix hätten wir auch aus Caesar niemals eine komische Figur machen können«, erzählt Uderzo. So ist der Römer denn auch der Einzige, der nicht von den Galliern verprügelt wird. Doch die unaufhörlichen Demütigungen in Aremorica kratzen an Caesars Nerven. »Ach, rutsch mir doch den Buckel runter«, brüllt er in einer Szene. Dieser Ausruf ist historisch nicht verbürgt – aber als berechtigter Hinweis zu verstehen, dass der reale Feldherr wohl nicht immer nur druckreife Zitate (»Veni, vidi, vici!«) von sich gegeben hat.

Caesars Triumphe auf den Schlachtfeldern der Weltgeschichte verblassen im Comic zu Randnotizen. Die Eroberung Galliens, der Sieg im Bürgerkrieg gegen Pompeius und sein Afrikafeldzug werden nur in wenigen Bildern angedeutet – genau wie seine Ermordung im März 44 v. Chr. »Auch du, mein Kind!«, soll Caesar laut Sueton ausgerufen haben, als er Brutus unter den Verschwörern erblickte. Diese Szene wird im Comic in zahlreichen Varianten parodiert: Am direktesten, als Brutus (stets mit Dolch abgebildet) bei einer Besprechung im Übereifer seine Waffe zieht und darauf von Caesar ermahnt wird: »Steck den Dolch weg, du wirst dir noch wehtun.« Bei aller Freude an wüsten Raufereien – Blut und Tod passen nicht in die heitere Atmosphäre des Comics. Deshalb wird die Ermordung Caesars verharmlost, das tragische Ende des Vercingetorix sogar komplett ausgeblendet. Der gallische Kriegsherr, von Alesia aus in Ketten nach Rom geschleppt, saß sechs Jahre im Kerker, ehe ihn Caesar beim Forum Romanum hinrichten ließ. Asterix und Obelix verschwenden bei ihren Besuchen in Rom keinen Gedanken daran, Vercingetorix zu befreien.

„Caesars Strategie ging auf.“

Das Schicksal des historischen Vercingetorix zeigt, wie groß die Bedrohung für die Comic-Gallier in der realen Welt gewesen wäre. Trotz der Milde, die Caesar im Umgang mit seinen Feinden nachgesagt wird – bei besonders widerspenstigen Gegnern kannte er keine Gnade. Nach Alesia wurden die gefangenen Gallier in die Sklaverei verkauft. Nur die Krieger der Haeduer und Arverner verschonte man. Sie hatten während des Krieges lange auf Seiten der Römer gekämpft und erst in den letzten Monaten die Seiten gewechselt. Nach der Niederwerfung Galliens brauchte Caesar seine ehemaligen Bündnispartner, um mit ihrer Unterstützung seine Herrschaft in Gallien zu sichern. Caesars Strategie ging auf. Selbst als der Bürgerkrieg Rom lähmte, erhoben sich die Gallier nicht gegen ihre Besatzer, sondern freundeten sich schnell mit den Vorzügen der römischen Zivilisation an. Befreit von den Machtkämpfen zwischen den Stämmen, blühte die Region unter der neuen Verwaltung auf. In den Städten entstanden Aquädukte, Amphitheater und Thermen. Bald war Gallien eine der reichsten Provinzen des Imperiums, sicherte Rom den Zugang nach Spanien und diente als Schutzwall gegen die Germanen. Kaiser Claudius zeigte sich erkenntlich: Im Jahre 48 n. Chr. erhielten die Gallier das Recht, Vertreter in den Senat zu entsenden.

Die schleichende Romanisierung Galliens macht vor den Palisaden des Asterix-Dorfes nicht Halt. Obwohl seine Bewohner ihre Traditionen verteidigen, haben auch sie bereits Teile der römischen Kultur angenommen. Der Barde Troubadix lehrt den Kindern des Dorfes mit lateinischen Ziffern das Rechnen. Und wer bei Verleihnix Fische kauft, zahlt ganz selbstverständlich mit römischen Sesterzen. Asterix und Miraculix ahnen, dass sie eine längst verlorene Schlacht kämpfen. »Glaubst du wirklich, dass wir den Lauf der Dinge aufhalten können?«, fragt der kleine Krieger bei einem Spaziergang den Druiden. »Natürlich nicht«, antwortet Miraculix und vertröstet Asterix mit dem Zusatz, man habe ja noch viel Zeit.

Vor rund fünfzig Jahren gelang Forschern in einem Baggersee in der Pfalz eine brisante Entdeckung: Sie fanden antike Metalltafeln, die dem römischen Kriegsgott Mars gewidmet sind und ursprünglich offenbar aus dem Süden Galliens stammen. »Andossus Obbelexxi filius« – »Andossus, Sohn des Obbelexxus«, ist auf einer der Tafeln zu lesen. Der Fund lässt Asterix-Fans bis heute nicht ruhen: Ist Obbelexxus etwa die lateinische Form von Obelix? Warum ehrt sein Sohn einen römischen Gott? Sollte Obelix tatsächlich das Dorf verlassen und im Süden Galliens mit einer Römerin eine Familie gegründet haben? Eine schreckliche Vorstellung.

Kleopatra und Marcus Antonius

Das Spiel von Liebe und Politik im antiken Rom

Von Karin Krempel-Haglund

»Kleopatra war von so großer Schönheit, dass viele eine Nacht mit ihr um den Preis des eigenen Todes erkauften«, heißt es im 4. Jahrhundert n. Chr. in der ›Römischen Kaisergeschichte‹ des Aurelius Victor. Im Jahr 41 v. Chr. war einer bereits tot: Caesar. Jetzt stand der nächste Todeskandidat vor der Tür – ebenfalls ein Römer: Marcus Antonius. Nach der Ermordung Caesars hatten dieser und Caesars Adoptivsohn Octavian die Attentäter Cassius und Brutus in der Schlacht von Philippi besiegt. Die Sieger teilten das Römische Reich unter sich auf. Nach einiger Zeit, vielem Hin und Her und mehreren Verträgen sah die Verteilung so aus: Octavian erhielt den ganzen Westen des Reiches mit Gallien und Spanien, Marcus Antonius den Osten mit Griechenland und Ägypten. Über Italien wollten sie gemeinsam herrschen. Beide waren die mächtigsten Männer Roms: Octavian, ein blasser, kränkelnder Jüngling von zwanzig Jahren, weil er der Erbe Caesars war, obwohl ihm niemand etwas zutraute; der 41-jährige Marcus Antonius hingegen, weil er ein erfolgreicher Feldherr und Caesars militärischer Ziehsohn war. Er genoss hohes Ansehen, und der Senat stand hinter ihm. So standen sich beide Rivalen im Kampf um die alleinige Macht gegenüber.

In den östlichen Provinzen hatten die Caesar-Mörder ein ziemliches Chaos angerichtet. Deshalb reiste Marcus Antonius nach Tarsus in Kilikien an der Küste Kleinasiens. Er sollte die Provinzen neu ordnen. Der Hauptgrund aber war: Die Parther herrschten vom Euphrat bis zum Indus und bedrohten seit dem 2. Jahrhundert v. Chr. immer wieder das Römische Reich. 53 v. Chr. hatten sie dessen Legionen in der Schlacht bei Carrhae schon einmal vernichtend geschlagen. Diese Schmach wollte Marcus Antonius tilgen. Dazu brauchte er Kleopatra, die mit Rom »verbündete Königin«. Er benötigte ihre Unterstützung in Form von Geld, Soldaten und Material. Also bat er Kleopatra zu sich nach Tarsus. War es wirklich nur der Wunsch nach militärischer Hilfe? Marcus Antonius war Kleopatra während ihres Aufenthalts in Rom begegnet. Hatte er sich damals schon in sie verliebt?

Kleopatra kam. Ihre Beweggründe dürften eindeutig gewesen sein: Sie sah erneut die Chance, einen mächtigen Römer für ihre Interessen einzuspannen. Ihre Vision eines ägyptischen Großreichs war noch nicht ausgeträumt. Und Marcus Antonius sah auch noch gut aus: Er war hoch gewachsen, trug einen prächtigen Bart, hatte eine breite Stirn und eine Adlernase, die seinem Gesicht einen männlichen Ausdruck verlieh – so der griechische Historiker Plutarch (um 46 bis 120 n. Chr.). Über die Manieren des Römers berichtete dieser allerdings weniger Erfreuliches: »Er hatte ein prahlerisches Wesen, eine ordinäre Redeweise, eine Neigung, sich an öffentlichen Trinkgelagen zu beteiligen.«

Kleopatra reiste auf ihrem Prunkschiff als Aphrodite an. Das heißt: Sie war fast nackt, mit Perlen und Gold geschmückt. Auf ihrem Schiff tummelten sich Lustknaben und Freudenmädchen. Musik erklang, und Räucherduft umhüllte die Küste wie Nebelschwaden. Auch diese Schilderung verdanken wir Plutarch. Dabei darf man aber nicht vergessen, dass viele Berichte über Kleopatra erst lange nach ihrem Tod von Römern und Griechen aufgezeichnet wurden. Als Quellen dienten hierbei Berichte von römischen Zeitzeugen. Diese wiederum sympathisierten mit Octavian – Kleopatras Feind. Daher existieren auch kaum objektive Schilderungen über ihr Alltagsleben und ihre Fähigkeiten als Herrscherin.

Marcus Antonius war vom Anblick Kleopatras fasziniert. Er lud sie sofort zu einem Gastmahl ein, doch sie winkte ab und wollte zuerst die geschäftlichen Angelegenheiten regeln. Unterstützung mit Geld, Soldaten und Material könne sie ihm gern gewähren, wenn er ihr einen »Gefallen« erweisen würde: Er sollte ihre Halbschwester Arsinoe hinrichten, die einst von Caesar verbannt wurde und nach Ephesus geflüchtet war. Denn diese hätte eines Tages Ansprüche auf den ägyptischen Thron stellen können. Was uns heute unmenschlich erscheint, war bei den Ptolemäern mehr oder weniger normal. Die eigenen Verwandten waren für jeden Herrscher die größte Gefahr für Herrschaft und Leben. Sie zu ermorden war mitunter eine Frage der eigenen Sicherheit.

Also erfüllte Marcus Antonius Kleopatras Bitte, ließ Arsinoe töten und ihren engsten Vertrauten gleich mit. Danach feierten Kleopatra, Marcus Antonius und seine Freunde ein königliches Gastmahl. Sokrates von Rhodos, ein früher Kollege des Plutarch aus dem 1. Jahrhundert v. Chr., beschreibt das so: »Zwölf Speisesofas für je drei Gäste hatte Kleopatra aufstellen lassen. Antonius war von dem prunkvollen Anblick ganz überwältigt, doch sie lächelte nur und bemerkte, dies sei alles ein Geschenk für ihn. Das Geschirr war aus Gold, mit Edelsteinen besetzt. Auf den Tischen standen Leckerbissen wie Austern, Pfauenhennen, Birkhähne, Hammel und Wildschweine.« Ägypten und sein Luxus hatten die Römer schon immer fasziniert. Kleopatra sandte Marcus Antonius eine Einladung nach Alexandria, die er freudig annahm. Vergessen waren die Parther, Rom und die Rivalität mit Octavian. Kleopatra hatte es, wie schon bei Caesar, wieder einmal geschafft.

Auch Marcus Antonius war für Luxus und weibliche Reize äußerst empfänglich. Obwohl in zweiter Ehe mit der Römerin Fulvia verheiratet, holte er sich ständig neue Gespielinnen, zumeist Dirnen und Schauspielerinnen. Jetzt hatte er eine Königin; das schmeichelte seinem Stolz. Den Winter 41/40 v. Chr. verbrachte das Paar in Alexandria. Und wieder ist in den römischen Chroniken nur von festlichen Banketten, Orgien und grandioser Verschwendung die Rede. Auch hierzu weiß Plutarch eine Geschichte zu erzählen, die angeblich sein Großvater von einem Arzt gehört hatte, der zu jener Zeit in Alexandria Medizin studierte. Der Student hatte sich mit einem der Köche Kleopatras angefreundet und besuchte ihn eines Tages in der Palastküche. Dort sah er, wie acht Wildschweine auf Spießen gedreht wurden. Er war verwundert über die große Zahl der Gäste. Der Koch aber sagte lachend zu ihm: »Gäste sind es nicht so viele, sondern höchstens zwölf. Aber jedes aufgetragene Gericht muss die höchste Vollkommenheit haben. Und es ist gut möglich, dass Marcus Antonius gleich speisen möchte, aber vielleicht auch später. Deshalb sind so viele Wildschweine auf den Spießen. Alle werden zu unterschiedlichen Zeiten gar, damit die Königin und Marcus Antonius jederzeit speisen können.«

„Jetzt hatte Marcus Antonius eine Königin.“

Darüber amüsierten sich die Römer noch, doch dann erfuhren sie etwas, worüber sich Volk und Senat empörten: Marcus Antonius schenkte Kleopatra die römische Provinz Kilikien und benahm sich wie ein Grieche. Er besuchte die Tempel, diskutierte mit griechischen Philosophen und lobte alles, was griechisch war. Einem Römer, der die alten republikanischen Tugenden hochhielt, musste das seltsam vorkommen, denn ihm war alles Griechische suspekt. Aber Marcus Antonius behauptete ja auch, von Herakles abzustammen – und römische Chronisten berichteten später, er habe Rom ohnehin niemals geliebt. Dafür beeindruckte sein Verhalten die Alexandriner, sie jubelten Marcus Antonius zu und betrachteten ihn als einen der ihren. Dass die Parther in dieser Zeit in Syrien und Kleinasien einfielen, schien ihn wenig zu interessieren.

Hatte Kleopatra ihn derart am Gängelband, wie die Römer später geiferten? Immerhin gestanden sie ihr zu, dass sie ihm haushoch überlegen war. Sie brachte mehr Energie auf, war ehrgeiziger und konnte vor allem schnell Entscheidungen treffen. Das fiel Marcus Antonius besonders schwer. Kleopatra begleitete ihn auf seinen Reisen durch die Ostprovinzen und mischte sich dabei gehörig ein; seinen Beratern zufolge stammten so manche seiner Entscheidungen von ihr. Solche Bevormundung dürfte für ihn nichts Neues gewesen sein, denn auch seine zweite Frau Fulvia führte ein strenges Regiment. An ihr ließ Plutarch ebenfalls kein gutes Haar: »Sie verlangte danach, die Herrschenden zu beherrschen, sie wollte die Befehlshaberin eines Oberbefehlshabers sein.«

Als Fulvia jedoch mit dem Bruder von Marcus Antonius einen Krieg gegen Octavian anzettelte, überspannte sie den Bogen. Es kam zur Schlacht in der Gegend des heutigen Perugia, Fulvia verlor und floh nach Athen. Römische Zeitgenossen und spätere Chronisten behaupteten, Fulvia habe den Krieg nur vom Zaun gebrochen, um Marcus Antonius aus Kleopatras Fängen zu lösen – offenbar mit Erfolg. Marcus Antonius reiste nach Athen und traf sich mit seiner Frau, die allerdings schon wenige Wochen später starb. Jetzt war er frei! Im Spätsommer des Jahres 40 n. Chr. trafen Octavian und Marcus Antonius in Brundisium (Brindisi) zusammen. Die beiden bekräftigten ihren Vertrag über die Machtaufteilung und ihr Triumvirat, zu dem Marcus Aemilius Lepidus, ein Anhänger Caesars, gehörte, der über Africa herrschte. Er spielte aber keine große Rolle und wurde später von Octavian abgesetzt. Zu dieser Zeit wurde Marcus Antonius Vater; Kleopatra gebar ihm in Alexandria die Zwillinge Alexander Helios und Kleopatra Selene.

Octavian zog in Brundisium noch einen Trumpf aus dem Ärmel.

Um die Versöhnung nach Fulvias Krieg zu zementieren, bot er Marcus Antonius die Hand seiner Schwester Octavia an. Wollte er ihn damit in eine Venusfalle locken? Octavia war ebenfalls gerade Witwe geworden. Womöglich spekulierte Octavian darauf, dass er seinen Schwager Marcus Antonius endgültig vernichten könne, wenn der seine Ehefrau schlecht behandele oder verlasse – womit zu rechnen war. Die Hochzeit von Marcus Antonius und Octavia wurde Ende des Jahres 40 v. Chr. in Rom mit großem Pomp ausgerichtet. Danach übersiedelte das Paar nach Athen und lebte dort drei Jahre. Auch Octavia wurde Mutter; sie brachte eine Tochter zur Welt. Dann aber geschah etwas aus Sicht der Römer Ungeheuerliches: Marcus Antonius schickte seine Frau, die wieder schwanger war, nach Rom zurück, während er selbst nach Syrien reiste. Kaum in Antiochia angekommen, holte er Kleopatra zu sich, die die mittlerweile 3-jährigen Zwillinge mitbrachte. Marcus Antonius erkannte die Kinder als die seinen an, und die Familie verbrachte den Winter 37/36 v. Chr. in Antiochia. Octavian dürfte sich die Hände gerieben haben: Der Rivale war in die Falle getappt.

Marcus Antonius lieferte Octavian noch mehr Munition. Er ordnete den Osten abermals neu – zugunsten Kleopatras, die das Königreich Chalkis am Libanon, die Stadt Kyrene und Ländereien auf Kreta erhielt. Später kamen noch die Dattel- und Balsamplantagen um Jericho und Teile des Nabatäerreiches hinzu, alles im Besitz der Römer. Mit Datteln und Balsam ließ sich gutes Geld verdienen, Kleopatras Schatztruhen quollen über. Mit den Zedern aus dem Libanon konnte sie ihre Flotte ausbauen. Zwischendurch gebar Kleopatra ihrem Geliebten noch einen Sohn, der den Namen Ptolemaios Philadelphos erhielt.

Marcus Antonius ließ Kleopatras Kopf auf römische Münzen prägen und ernannte sie in einer feierlichen Zeremonie im Gymnasium, der Sportstätte von Alexandria, zur »Königin der Könige«. Dann erklärte er öffentlich, dass Caesarion der Sohn von Kleopatra und Caesar sei, und bestätigte ihn als Mitregenten seiner Mutter. Auch die eigenen Kinder mit Kleopatra kamen nicht zu kurz. Der 6-jährige Alexander Helios wurde als Großkönig von Armenien und Medien eingesetzt, Tochter Kleopatra Selene erhielt die Herrschaft über Kyrene. Der 2-jährige Ptolemaios Philadelphos bekam Syrien und Kleinasien. Der jüdische Geschichtsschreiber Flavius Josephus (um 38 bis 100 n. Chr.) schrieb später: »Antonius war so in den Netzen dieses Weibes verstrickt, dass er nicht nur mit ihr in trautestem Verkehr stand, sondern auch wie durch einen Zauberbann dazu verpflichtet schien, ihr in allen Stücken zu Willen zu sein.«

Nach dem missglückten Parther-Feldzug rüsteten Kleopatra wie auch Ehefrau Octavia Hilfsexpeditionen aus. Beide wollten ihm Geld, Soldaten, Kleidung und Vorräte für seine Truppen schicken. Mit Kleopatra traf er sich an der syrischen Küste, während Octavia auf ihn in Athen wartete. Und Marcus Antonius entschied sich – für Kleopatra. Seine rechtmäßige Frau schickte er nach Rom zurück und behielt nur die 2000 Soldaten, die sie ihm mitgebracht hatte. Octavian machte seinem Schwager schriftlich Vorwürfe wegen seines unmoralischen Doppellebens. Marcus Antonius antwortete ihm: »Was hat dich so verändert? Dass ich mit der Königin schlafe? (…) Und du? Schläfst du nur mit deiner Ehefrau Drusilla? Ich wette auf dein Leben, dass du, wenn du diesen Brief liest, mit Tertulla oder Terentilla oder Rufilla oder Salvia Titisenia oder mit allen geschlafen hast. Oder macht es einen Unterschied, wo und bei welcher Frau er dir steht?« Das war ziemlich niveaulos für einen Römer der Oberschicht, aber der angebliche Brief des Marcus Antonius ist tatsächlich in einer historischen Quelle überliefert: Der römische Schriftsteller Sueton (um 70 bis um 130 n. Chr.) zitiert ihn in seinen Kaiserbiografien.

„Marcus Antonius entschied sich – für Kleopatra.“

Octavia mimte während der ganzen Zeit in Rom die tapfere Ehefrau, wohnte weiterhin im Haus ihres Mannes und empfing seine Freunde, als sei nichts geschehen. Damit zog sie das Volk auf ihre Seite. Man pries sie als »wahrhaft tugendsame« Ehefrau und hasste Marcus Antonius. Im Sommer 32 v. Chr. bekam sie dann von ihm den Scheidebrief, was Kleopatra, die mit ihrem Geliebten in Athen weilte, triumphierend verkündete. Darauf hatte Octavian gewartet: Den Schwager hätte er unterstützen müssen, den Mann, der seine Schwester beleidigt hatte, konnte er vernichten. Octavian setzte eine gewaltige Propagandamaschinerie in Gang und berichtete dem Senat, Marcus Antonius habe ihn ermorden lassen wollen. Allerdings behauptete dieser später das Gleiche von Octavian. Kleopatra wurde wieder als »ägyptische Hure« und »königliche Ehebrecherin« beschimpft. Zum zweiten Mal habe sie einen Römer in ihr Bett gelockt. Zum zweiten

Mal bedrohe sie das Römische Reich. Und die Römer glaubten es wieder. Sie glaubten auch das Gerücht, Kleopatra sei schuld am Misserfolg des Parther-Feldzugs, weil sie Marcus Antonius bis an den Euphrat begleitete.

Zudem kursierten in Rom obskure Prophezeiungen, die den Untergang des Reiches ankündigten. Da war von einem großen Heer die Rede, »das aus Asien kommt, aus dem Licht der aufgehenden Sonne, um Rom in die Sklaverei zu führen«. Ein persischer Weiser hatte vorausgesagt, »die Macht Roms werde nach einem gewaltigen Ringen von einem Retter aus dem Osten übernommen werden«. Auch eine Frau kam darin vor: »Und während Rom noch zögert, in Ägypten einzufallen, wird diese Königin als mächtige Erbin eines Unsterblichen unter den Menschen hier erscheinen.« Diese Frau konnte nur Kleopatra sein, die sich zur Herrscherin über die Römer aufschwingen wollte. Auch hierzu entstand in Rom sofort das passende Gerücht. Jedes Mal, wenn Kleopatra etwas bekräftigen wollte, soll sie gesagt haben: »So wahr ich auf dem Kapitol Recht sprechen werde!«

Noch hatte Marcus Antonius mächtige Anhänger in Rom. Anfang des Jahres 32 v. Chr. flüchteten zahlreiche Senatoren zu ihm nach Ephesus und bildeten dort einen Gegensenat. Doch im Sommer liefen sie zu Octavian über – sie waren wohl nur Freunde des Marcus Antonius gewesen, weil sie Octavians Gegner waren. Sie änderten ihre Meinung, als sie begriffen, dass sie aufs falsche Pferd gesetzt hatten. Denn durch die Scheidung von Octavia und die Hetze gegen Kleopatra begann die Stimmung in Rom endgültig zugunsten Octavians zu kippen. Dieser setzte noch eins drauf: Von den Vestalinnen erzwang er die Herausgabe des Testaments von Marcus Antonius, das dieser im Tempel der Vesta hinterlegt hatte. Octavian veröffentlichte den Inhalt: Marcus Antonius hatte verfügt, dass er unbedingt in Ägypten beerdigt werden möchte.

Die Hysterie der Massen schäumte über. Cassius Dio (um 155 bis 229 n. Chr.) berichtete darüber später: »Voll Erbitterung darüber glaubten nun die Römer, dass auch all das andere, was an Gerüchten umlief, der Wahrheit entspreche. Dass Marcus Antonius im Falle eines Sieges ihre Stadt an Kleopatra verschenken und den Sitz der Macht nach Alexandria verlegen werde. Sie erkannten ihm das Konsulat und überhaupt alle Machtbefugnisse ab.« Jetzt hatte Octavian leichtes Spiel: Er erklärte Kleopatra zur »Feindin Roms«, worauf sich die offizielle Kriegserklärung anschloss. In Actium trafen die Heere aufeinander. Auf der einen Seite standen Octavian und die Römer, auf der anderen Marcus Antonius, Kleopatra und die Ägypter, verstärkt durch wenige noch treue Römer und Söldner aus Kleinasien. Der Kriegszug des Marcus Antonius war von Anfang an zum Scheitern verurteilt, denn es gab damals im Römischen Reich nur zwei fähige Heerführer: Agrippa, der Octavian diente, und Ventidius, der die Truppen des Marcus Antonius befehligte. Nur – Ventidius hatte auch schon die Seiten gewechselt. Die Berater von Marcus Antonius drängten vor Actium auf eine Landschlacht, doch Kleopatra, die sich wie immer durchsetzte, bestand auf einer Seeschlacht. Die Königin nahm an dem Kampf nicht teil, sondern wartete mit ihrer Flotte im Hintergrund. Als sie sah, dass Octavian siegen würde, flüchtete sie. Marcus Antonius bemerkte dies, verließ sein Schiff und folgte ihr in einem Beiboot. Seine Soldaten ergaben sich Octavian, da ihr Befehlshaber sie verlassen hatte.

Diese Flucht ist eines der großen Rätsel in Kleopatras Biografie. Die Anhänger der Königin behaupteten, die Flucht sei mit Marcus Antonius abgesprochen gewesen. Ihre Gegner verbreiteten, sie habe Marcus Antonius bewusst verlassen, weil sie sich bereits für den Sieger interessierte – für Octavian. Ein anderer möglicher Grund: Durch die Flucht entging ihre Flotte der Zerstörung, und sie hätte abermals im Kampf gegen die Römer eingesetzt werden können. Während sich Kleopatra und Marcus Antonius nach Alexandria zurückzogen, wartete Octavian ein ganzes Jahr, bis er in Ägypten einmarschierte. Marcus Antonius bot dem Gegner sogar an, sich umzubringen, wenn dieser Kleopatra verschone. Hatte Marcus Antonius den Sinn für die Realität verloren oder liebte er Kleopatra tatsächlich mehr als das eigene Leben?

Octavian reagierte nicht auf das Angebot und forderte den Kampf. Noch einmal stellte sich Marcus Antonius und verlor – weil seine Soldaten zu Octavian überliefen. In dieser Situation erhielt Marcus Antonius die Mitteilung, Kleopatra sei tot. Von wem diese Information stammte – vielleicht eine gezielte Falschmeldung –, ist unbekannt. Doch das war für Marcus Antonius zu viel. Von der Todesnachricht schockiert, stürzte er sich in sein Schwert – Harakiri auf Römisch. Dazu stützte er sein Schwert mit dem Griff auf den Boden, hielt die Spitze mit den Händen in Richtung Herz und ließ sich dann mit dem ganzen Gewicht darauf fallen. Anderen Berichten zufolge rammte sich Antonius stehend sein Kurzschwert in die Brust. Aber er war nicht sofort tot, und auch Kleopatra lebte. Man brachte ihn zu ihr; der schwerverletzte Geliebte verschied schließlich in ihren Armen.

Kleopatra ließ ihn in ihrem Grab in der Kleidung und mit den Insignien eines ägyptischen Pharaos beisetzen. An Octavian schrieb sie einen Brief: Sie schickte ihm ihre Insignien, bot ihm an zurückzutreten und bat darum, die Herrschaft ihren Kindern übergeben zu dürfen. Berichte deuten sogar an, dass die Ägypterin auch bei ihm versuchte, ihre weiblichen Reize einzusetzen. Doch Octavian lehnte alle Vorschläge und Angebote ab. Vielmehr ließ er Kleopatra wissen, dass er sie und ihre Kinder bei seinem Triumphzug in Rom mitführen würde. Die Abreise sollte in drei Tagen stattfinden. Für Kleopatra war dies gleichsam die Stunde der letzten Erkenntnis. Sie legte sich in ihrem Grab neben den Geliebten, ließ sich ein fürstliches Mahl bereiten und sprach zu dem Toten: »Von all meinen tausend Seufzern ist keiner so bitter und so groß wie die kurze Zeitspanne, die ich ohne dich lebte.« Wahre Liebe? Theatralische Inszenierung? Oder doch wohl eher die Übertreibung des Geschichtsschreibers Plutarch?

Dann ließ sich Kleopatra von Giftschlangen beißen und hauchte neben Marcus Antonius ihr Leben aus. Das ist sicher die romantischste Version des Dramas, die später Kleopatras Leibarzt Olympos veröffentlichte. Das heißt nicht, dass sie wahr sein muss – anderen Berichten zufolge hatte sich Kleopatra ganz unromantisch eine in Schlangengift getauchte Nadel in den Arm gestochen.

Octavian war sein schönstes Beutestück los. Jetzt räumte er auf: Ägypten wurde römische Provinz. Caesarion, den König von Ägypten und Sohn von Caesar und Kleopatra, ließ er zusammen mit seinem Erzieher brutal erschlagen. Der echte Sohn Caesars konnte ihm, dem Adoptivsohn, das Erbe nicht mehr streitig machen. Die Kinder von Marcus Antonius und Kleopatra wurden im Triumphzug den Römern gezeigt. Danach verheiratete Octavian Kleopatras Tochter mit dem numidischen Prinzen Juba. Ihre beiden Brüder erhielt die Braut von Octavian als »Hochzeitsgeschenk«. In anderen Berichten heißt es, sie seien von Octavia, der Ex-Frau von Marcus Antonius, aufgenommen worden. Über Kleopatra schrieb Cassius Dio später: »Sie fesselte die zwei größten Römer ihrer Zeit und nahm sich wegen des Dritten das Leben.« Dieser Dritte war Octavian. Er ging als Augustus, als erster römischer Kaiser, in die Geschichte ein. Der Geschichtsschreiber Tacitus (um 55 bis 116 n. Chr.) schilderte ihn als »hinterlistig und grausam«.

Wer war König Artus?

Die Legende vom berühmtesten Ritter Europas

Von Monika Weiner

Die Heldentaten von König Artus (oder Arthur, wie ihn die Engländer nennen) und seinen Rittern sind legendär. Niemand übertrifft sie an Kühnheit, Tapferkeit und Edelmut. Und doch stehen am Anfang der Geschichte ganz unritterliche Motive: Ohne Begierde, Lust und faule Tricks hätte es den sagenhaften Artus nie gegeben! Seine Zeugung verdankt er einem heimtückischen Seitensprung des Britenkönigs Uther Pendragon: Der verliebte sich eines Tages in Igraine, die Frau des Herzogs von Cornwall. Doch diese zeigte ihm die kalte Schulter – sie war eine anständige Frau. Um der Anmache des Königs zu entgehen, flüchtete sie mit ihrem Gemahl. Uther begann daraufhin einen Krieg gegen den Herzog, der in einem nächtlichen Gemetzel erschlagen wurde. Drei Stunden später öffnete sich die Tür zum Schlafgemach der Herzogin, und ein Mann schlüpfte zu ihr ins Bett. Igraine dachte, es sei ihr Gatte, doch tatsächlich war es Uther, dem der Magier Merlin die Gestalt des Herzogs von Cornwall verliehen hatte, damit er unerkannt zu Igraine gelangen konnte. Als Gegenleistung hatte der König versprechen müssen, das Kind, das er in dieser Nacht zeugte, Merlin zu überlassen.

Vom ersten Augenblick an umgibt Artus eine Aura des Geheimnisvollen. Neun Monate später – Uther hat die Witwe Igraine mittlerweile geehelicht – holt Merlin das Baby ab. Er lässt es taufen und übergibt es dem Ritter Ector. Der zieht den Knaben zusammen mit seinem eigenen Sohn Kay auf. Artus wächst heran, ohne etwas von seiner königlichen Herkunft zu ahnen. Derweil droht Britannien im Chaos zu versinken: Nach dem Tod Uther Pendragons brechen Kämpfe unter den rivalisierenden Fürsten aus. Merlin beobachtet die Entwicklung. Schließlich gibt er bekannt, dass sich am nächsten Weihnachtstag in London durch ein Wunder zeigen werde, wer der rechtmäßige Nachfolger des verstorbenen Königs sei. Alle Fürsten des Reiches reisen daraufhin nach London. Zu ihrem großen Erstaunen sehen sie auf dem Kirchplatz einen Marmorblock; darauf steht ein stählerner Amboss, in dem ein Schwert steckt. Auf dem Griff kann man lesen: »Wer dieses Schwert aus diesem Stein und Amboss herauszieht, der ist der rechtmäßige König von ganz England.« Zahlreiche Edle zerren und rütteln an dem Zauberschwert, doch es bewegt sich keinen Millimeter.

Auch Artus kommt nach London. Er begleitet seinen Stiefbruder Kay, der bereits zum Ritter geschlagen wurde und am Turnier teilnehmen will; doch kurz vor dem Beginn vermisst er sein Schwert. Artus versucht ein neues aufzutreiben, findet aber keines. Als er über den Kirchplatz reitet, sieht er das Schwert im Felsen stecken, zieht es mühelos heraus und bringt es zum Turnierplatz. Die Neuigkeit, dass ein junger Knappe das Wunder vollbracht habe, verbreitet sich wie ein Lauffeuer. Artus wird zum Ritter geschlagen und zum König gekrönt. Nun erfährt er auch, dass er der Sohn Uther Pendragons ist.

Der junge Herrscher greift hart durch. Mutig und entschlossen unterwirft er die abtrünnigen Fürsten. Er zieht von Krieg zu Krieg, von Schlachtfeld zu Schlachtfeld, seine Energie scheint grenzenlos zu sein. Unablässig vollbringt er, wie es in Thomas Malorys (um 1416–1471) Buch ›Morte d'Arthur‹ heißt, »wunderbare Waffentaten«. Malorys Werk ist die erste umfassende Darstellung der verschiedenen Legenden, die in England und Frankreich im Laufe der Jahrhunderte niedergeschrieben wurden. Artus trifft bei den Fürsten im Norden auf erbitterten Widerstand. Auf Anraten Merlins schließt er ein Bündnis mit den französischen Königen Ban von Benwick und Bors von Gallien. Als in den nördlichen Provinzen Britanniens elf Könige ein Heer von 50 000 Mann mobilisieren, um Artus zu vernichten, eilen die beiden Verbündeten herbei. Gemeinsam schlagen sie auf die Gegner ein, »bis ihre Pferde im Blut waten«. Artus allein tötet innerhalb kürzester Zeit zwanzig Ritter.

„Die Neuigkeit, dass ein junger Knappe das Wunder vollbracht habe, verbreitet sich wie ein Lauffeuer.“

Auf einem dieser Feldzüge begegnet er Ginevra, der Tochter des Königs Lodegrance, und verliebt sich unsterblich. Da nutzt es auch nichts, dass Merlin ihn warnt: Die schöne Ginevra werde nur den heldenhaften Lanzelot – einen Sohn von König Bors – lieben, doch Artus will von den düsteren Vorhersagen nichts wissen. Er ist entschlossen, das bildhübsche Mädchen zu heiraten. Bevor es dazu kommt, lässt er sich auf ein Liebesabenteuer mit der Gemahlin König Lots von Orkney ein und zeugt mit ihr einen Knaben. Erst später erfährt er, dass seine Geliebte eine Tochter Igraines und damit seine Schwester ist. Merlin prophezeit ihm, dass das Kind – der spätere Ritter Mordred – ihn und alle seine Gefolgsleute vernichten werde.

König Lodegrance ist hocherfreut, als Merlin im Namen von Artus um die Hand seiner Tochter anhält. Zum Zeichen seiner Freundschaft schickt er dem künftigen Schwiegersohn die »Runde Tafel«, einen riesigen Tisch, den ihm einst Uther Pendragon geschenkt hat. Merlin persönlich soll ihn in Auftrag gegeben haben. Auch an dieses Möbelstück ist eine Prophezeiung geknüpft: Diejenigen, die an der Tafel Platz nehmen, werden die Wahrheit des Heiligen Grals überall bekannt machen. 150 Ritter können an der Runden Tafel sitzen (andere Versionen der Artus-Legende nennen abweichende Zahlen). Hundert schickt der Brautvater Lodegrance nach London. Fehlen noch fünfzig. Artus sendet Merlin aus, die tapfersten Recken seines Reiches aufzuspüren. Nach und nach treffen die Ritter der Tafelrunde ein: Da ist zum Beispiel Lanzelot, der Superheld, der noch nie besiegt wurde. Genauso stark wie Lanzelot ist Tristan, ebenfalls ein Königssohn, allerdings hat er weniger Durchhaltevermögen. Ihn verbindet eine große, aber tragische Liebe mit der irischen Königstochter Isolde. Dazu gesellen sich ferner Gawain, Gaheris, Agawain und Gareth, die Söhne König Lots, aus Orkney. Weitere Helden sind der junge und tugendhafte Königssohn Parzival, den Artus in seiner Burg Camelot eigenhändig zum Ritter schlägt, sowie Lanzelots Neffe Bors, der sich durch seinen untadeligen Charakter auszeichnet.

„Nach und nach treffen die Ritter der Tafelrunde ein.“

Artus kann jetzt ein wenig durchatmen: Die tapfersten Ritter Britanniens stehen ihm zur Seite. Mit ihren Heldentaten sorgen sie dafür, dass nicht nur der Ruhm seines Reiches, sondern auch die Zahl seiner Gefolgsleute ständig wächst: Jedes Mal, wenn die Mitglieder der Tafelrunde einen anderen Ritter besiegt haben, lassen sie ihn schwören, dass er sich Artus unterwirft – als Gegenleistung schonen sie sein Leben. Auch der König selbst kämpft nach wie vor tapfer gegen seine

Feinde. Als sein Schwert zerbricht, führt Merlin ihn an einen See, in dessen Mitte eine Hand mit dem reich verzierten Schwert Excalibur aus dem Wasser ragt. Eine Zauberin, die »Dame vom See«, schenkt Artus das Schwert zusammen mit einer Scheide, die vor Blutverlust schützt.

Dann trifft den jungen König allerdings ein Schicksalsschlag: Merlin verlässt ihn. Er hat sich unsterblich in Nimue, eines der Fräulein vom See, verliebt. Die Liebe beruht allerdings nicht auf Gegenseitigkeit. Nimue ist eine falsche Schlange, die dem Magier nur schöne Augen macht, weil sie ihm die letzten Geheimnisse seiner Zauberkunst entlocken will. Merlin lässt sich täuschen und weiht sie während einer gemeinsamen Reise in sein Wissen ein. Nun will Nimue ihn loswerden: In Cornwall lockt sie ihn unter einen Felsen, der ihn mit seiner Zauberkraft einschließt.

Auch Artus wird das Opfer weiblicher Hinterhältigkeit. Dabei hat Merlin ihn kurz vor seinem Ende noch gewarnt: Die Frau, der er am meisten vertraue, werde ihm Schwert und Scheide stehlen. Der König schläft daraufhin mit dem Schwert in der Hand. So findet ihn seine Schwester, die Zauberin Morgana, als sie mitten in der Nacht in sein Schlafgemach eindringt. Da sie Excalibur nicht mitnehmen kann, ohne Artus zu wecken, greift sie nach der Scheide und versteckt sie in ihrem Mantel. Der König bemerkt den Verlust am nächsten Morgen und verfolgt die Diebin. Doch als Morgana ihn kommen sieht, wirft sie die wertvolle Beute in einen tiefen See und verwandelt sich selbst vorübergehend in einen Stein. Nicht nur Artus selbst ist jetzt wieder verletzlich, auch sein Reich ist in Gefahr: Der Kaiser in Rom fordert seine Unterwerfung und droht mit der Vernichtung Britanniens. Artus antwortet, er sei dem Kaiser weder Huldigung noch Tribut schuldig, und rüstet seinerseits zu einem Feldzug gegen Rom. Wenig später überquert er mit seinem Heer den Kanal. In der Bretagne besiegen 10 000 Briten 60 000 gegnerische Soldaten. Artus persönlich erschlägt mit Excalibur unzählige Feinde und tötet schließlich auch Kaiser Lucius. Zusammen mit seinen Rittern zieht er über die Schweiz in die Toskana, wo er zahlreiche Städte und Burgen erobert. Erst als die römischen Stadtvä-

„Der Kaiser in Rom fordert Unterwerfung und droht mit der Vernichtung Britanniens.“

ter sich ihm unterwerfen und der Papst ihn zum Kaiser gekrönt hat, kehrt er nach Britannien zurück.

Endlich sind alle Feinde besiegt, und es herrscht Frieden. Doch nun beginnt für die Ritter des Artus die schwierigste Aufgabe: die Suche nach dem Heiligen Gral. Malory nennt diesen Gral in seinem Buch »das Geheimnis Unseres Herrn Jesus Christus«. Der Legende nach handelt es sich um ein Gefäß mit dem Blut Jesu. Einige Ritter der Tafelrunde sind dem Gral bei ihren Streifzügen durch das Land bereits flüchtig begegnet – allerdings hat ihn keiner je wirklich gesehen. Parzival etwa, der tödlich verletzt war, wurde durch dessen Wunderkraft spontan geheilt, obwohl er nur einen blassen Schimmer erkannte. Doch jetzt sollen sie den Gral bewusst suchen. Das freilich wird nur wenigen gelingen, denn das unverhüllte Heiligtum kann nur erblicken, wer wahrhaft heldenhaft, edelmütig und keusch ist.

„Der Mann, der so rein und unschuldig ist, dass er dem Gral gegenübertreten kann, muss erst geboren werden.“

Eine derartige Tugendhaftigkeit ist unter kampferprobten Rittern, die weibliche Reize durchaus zu schätzen wissen, eher selten. Der Mann, der so rein und unschuldig ist, dass er dem Gral gegenübertreten kann, muss erst geboren werden. Es ist Galahad, der Sohn des Lanzelot und der Königstochter Elaine. Da Lanzelot allerdings – aus Treue zu Königin Ginevra – kein Interesse hat, mit der Mutter seines künftigen Sohnes zu schlafen, muss die Zauberin Lady Brisen dem Schicksal auf die Sprünge helfen: Sie verabreicht dem Helden einen Zaubertrank, bevor er Elaines Zimmer betritt. Der Ritter, berauscht, meint, in den Armen der Königin zu liegen. Am Morgen wird ihm schlagartig klar, dass er getäuscht wurde. Entsetzt ruft er: »Wehe, dass ich das erleben muss, jetzt ist meine Ehre befleckt!« Dann stürzt er sich mit erhobenem Schwert auf Elaine. Sie sinkt zitternd auf die Knie und fleht: »Tötet mich nicht, denn ich trage durch Euch in meinem Schoß den, der zum berühmtesten Ritter der Welt werden soll.«

Lanzelot erstarrt, dann lässt er das Schwert sinken. Er verschont Elaine, und neun Monate später wird Galahad geboren. Der wächst vaterlos auf, denn Lanzelot kehrt an den Artushof in Camelot zurück.

Die eifersüchtige Ginevra macht ihrem Star-Ritter sofort eine Szene wegen Elaine. Als die Rivalin dann auch noch persönlich in Camelot auftaucht, tut die Königin alles, um Lanzelot von dieser fern zu halten. Doch sie hat nicht mit den Zauberkünsten Lady Brisens gerechnet: Die bringt Lanzelot zu Elaine, ohne dass der etwas davon bemerkt. Als er am nächsten Tag sieht, was geschehen ist, springt er voller Verzweiflung aus dem Fenster, landet in einem Dornbusch, rappelt sich blutend auf und flüchtet in die Wälder. Jahre später kommt er – abgemagert, heruntergekommen und vom Wahnsinn getrieben – durch Zufall in Elaines Schloss. Die erkennt ihn und päppelt ihn wieder auf. Dank einer flüchtigen Begegnung mit dem Heiligen Gral findet er schließlich sogar seinen Verstand wieder. Eine Zeit lang ist er glücklich mit Elaine, doch schließlich zieht es ihn doch zurück zu Ginevra nach Camelot.

„Dieses Abendmahl ist der Anfang vom Ende.“

Kurz darauf kommt ein Edelfräulein angeritten und fordert Lanzelot auf, ihr zu folgen. Da Ritter nicht ablehnen können, wenn Frauen sie um etwas bitten, besteigt der Held sein Pferd und begleitet das Fräulein. Sie kommen zu einem Kloster, in dem ein junger Mann wartet, der zum Ritter geschlagen werden möchte. Lanzelot tut, wie ihm geheißen, ohne seinen Sohn Galahad zu erkennen. Er ahnt auch nicht, dass der 15-Jährige auserwählt ist, den Gral zu finden.

In Camelot ereignen sich nun sonderbare Dinge: Auf dem einzigen freien Platz an der Tafelrunde, dem »Gefährlichen Sitz«, erscheint plötzlich eine goldene Schrift: »Vierhundertvierundfünfzig Winter nach der Passion Unseres Herrn Jesus Christus soll dieser Sitz besetzt werden.« Dann taucht im Fluss ein Stein auf, der auf dem Wasser schwimmt und in dem ein Schwert steckt. Auf dem Knauf steht geschrieben: »Kein Mann wird mich herausziehen, außer dem, an dessen Seite ich hängen soll, und das wird der beste Ritter der Welt sein.« Artus fordert sofort Lanzelot auf, seinen besten Ritter, das Schwert herauszuziehen. Doch der winkt ab: Es sei nicht für ihn bestimmt. Dann wird er prophetisch: »Wisst ferner, dass an diesem nämlichen Tag die Abenteuer des Heiligen Grals, der das heilige Gefäß genannt wird, beginnen.«

Bald darauf kommt ein junger Ritter in roter Rüstung nach Camelot. Er trägt weder Schwert noch Schild und steuert schnurstracks auf den Gefährlichen Sitz zu. Auf seinem Platz erscheint eine Inschrift mit dem Namen »Galahad«. Nun endlich erkennt Lanzelot seinen Sohn. Die Ritter begleiten Galahad zum Fluss und sehen zu, wie er das Schwert mit Leichtigkeit aus dem Stein zieht und es in seine Scheide steckt. Artus begrüßt Galahad offiziell als Mitglied der Tafelrunde: »Seid willkommen, denn Ihr werdet viele gute Ritter zu der Suche nach dem Heiligen Gral bewegen, und Ihr werdet vollbringen, was nie ein Ritter zu Ende führen konnte.« Tatsächlich ist der Gral an diesem Tag schon zum Greifen nah: Er speist, verborgen unter goldenem Damast, die gesamte Tafelrunde. Dieses Abendmahl ist der Anfang vom Ende. Artus weiß das: »Auf der Suche nach dem Heiligen Gral werdet ihr alle von der Tafel fortgehen, und ich werde euch nie wieder beisammen sehen.« Der König und die Damen vergießen heiße Tränen, als alle 150 Ritter ihre Pferde satteln und Camelot verlassen. Allerdings werden nur wenige von ihnen ihr Ziel erreichen.

Lanzelot scheitert nur knapp. Im Halbschlaf erscheint ihm der Gral. Er will ihm folgen, doch seine sündenbeladene Seele hindert ihn daran, was den Ritter in tiefe Selbstzweifel stürzt. Er bereut seine Vergehen und betet. Eines Nachts befiehlt ihm eine Stimme, ans Meer zu gehen. Dort findet er ein Schiff ohne Ruder oder Segel. Auf diesem Schiff trifft er Wochen später Galahad, der einen weißen Schild mit einem roten Kreuz darauf trägt. Der Legende nach hat es einst einem der ersten Missionare Britanniens gehört. Für einige Zeit reisen Vater und Sohn zusammen, dann muss Galahad die Suche nach dem Gral fortsetzen, während Lanzelot allein weiterfährt. Er gelangt schließlich zur Burg Carbonek. Dort sieht er durch eine halb offene Tür den Heiligen Gral, der mit roter Seide verhüllt ist, doch eine Stimme verbietet ihm einzutreten. Ohnmächtig stürzt er zu Boden und bleibt 24 Tage wie tot liegen.

„Galahad sieht den Gral.“

Die Ritter Parzival und Bors treffen nach monatelanger vergeblicher Suche auf Galahad, der nun ebenfalls auf dem Weg nach Carbonek ist. Die drei erreichen gemeinsam die Burg und erleben dort allerlei Wunderliches: Josef, der Bischof von Sarras, der seit 300 Jahren tot ist, liest die Messe. Über ihm schweben Engel, die eine blutende Lanze und Kerzen tragen. Auf dem Altar steht, unter einem Tuch, der Gral. Aus ihm steigt ein Mann auf, der die Zeichen der Passion Christi trägt. Er fordert Galahad auf, in die Stadt Sarras zu gehen, dort werde er dem Gral erstmals unverdeckt begegnen. Bors und Parzival begleiten Galahad bis nach Sarras, und hier geschieht tatsächlich das Wunder: Galahad sieht den Gral. Im selben Moment geht seine Seele zu Jesus Christus, sein Körper wird von Engeln emporgehoben, eine Hand ergreift Gral und Lanze, die im Himmel entschwinden.

Die Suche nach dem Gral ist damit beendet, und von nun an geht es bergab: Parzival stirbt ein Jahr später als Einsiedler. Bors reitet zurück zu Artus, um von seinen Erlebnissen zu berichten. Doch in Camelot ist die Stimmung gedrückt – Ginevra hat Lanzelot wieder einmal eine Eifersuchtsszene gemacht und ihn vom Hof verbannt. Hat Lanzelot nun endlich genug von den Launen der Königin? Nein. Als sie Opfer eines Rufmordes zu werden droht, kehrt er sofort zurück und rettet sie. Das Verhältnis Lanzelots mit der Königin ist ein offenes Geheimnis. Mordred, der mittlerweile ein Mitglied der Tafelrunde und ein erklärter Gegner Lanzelots ist, verrät die beiden. Artus reagiert gefasst, er will Beweise sehen. In der nächsten Nacht – der König ist auf der Jagd – stürmt Mordred mit seinen Gefolgsleuten das Gemach Ginevras. Tatsächlich findet er dort Lanzelot. Der wehrt sich mit bloßen Händen und dem Mut der Verzweiflung: Er tötet zwölf Ritter, nur Mordred gelingt die Flucht. Lanzelot überlebt, seine Karriere als Ritter der Tafelrunde ist jedoch ruiniert. Er flieht, und zahlreiche Recken, darunter Bors und Tristan, schließen sich ihm an. Von nun an ist Artus sein Feind.

„Monatelang belagern die Ritter des Königs die Burg, auf die Lanzelot die Königin gebracht hat.“

Der Königin fühlt er sich allerdings immer noch verpflichtet. Als sie wegen Ehebruchs hingerichtet werden soll, sprengt Lanzelot heran und rettet sie in letzter Minute vor den Flammen des Scheiterhaufens. Dabei erschlägt er alle, die ihm im Weg stehen, darunter auch seine alten Freunde, die Ritter Gareth und Gaheris. Deren Bruder Gawain schwört, die Bluttat zu rächen, und wird zum erbittertsten Gegner Lanzelots. Als Artus sich längst wieder mit Ginevra aussöhnen will, verhindert er jeden Kompromiss. Monatelang belagern die Ritter des Königs die Burg Freudenturm, auf die Lanzelot die Königin gebracht hat. Erst ein Friedensappell des Papstes beendet den Streit: Artus soll seine Gemahlin wieder aufnehmen und sich mit Lanzelot versöhnen. Gawain sorgt dafür, dass sein Todfeind nicht rehabilitiert wird, sondern nur zwei Wochen freies Geleit bekommt, um das Land zu verlassen.

Die Verbannung trifft Lanzelot hart: »Es schmerzt mich sehr, dass ich ohne Ehre scheide, denn ein Verbannter scheidet niemals in Ehren.« Zusammen mit seinen Getreuen kehrt er zurück in seine Heimat Frankreich. Dort hätte Lanzelot vielleicht ein friedliches Ende gefunden, wären seine Feinde ihm nicht gefolgt. Auf Gawains Rat übergibt Artus die Regierungsgeschäfte seinem Sohn Mordred und marschiert mit 60 000 Mann in Frankreich ein. Es folgen Belagerungen, Schlachten und erbitterte Zweikämpfe zwischen Gawain und Lanzelot. Erst die Nachricht von einem Putsch Mordreds beendet den Frankreichfeldzug: Artus kehrt so schnell er kann nach Britannien zurück.

Gleich nach seiner Ankunft trifft er auf das Heer Mordreds. Es folgt eine blutige Schlacht, in der viele tausend Ritter sterben. Gawain, tödlich verwundet, schreibt Lanzelot einen Versöhnungsbrief, in dem er ihn bittet, nach England zurückzukommen und für seine Seele zu beten (Lanzelot wird diese Bitte schließlich erfüllen). Der Boden ist schon von Leichen bedeckt, als Artus auf Mordred stößt. Kurz entschlossen rammt er dem Sohn die Lanze in den Leib. Der sinkt zu Boden, richtet sich dann aber noch einmal auf, um einen letzten entscheidenden Hieb zu tun: Sein Schwert durchschlägt den Helm von Artus und zerschmettert dessen Schädel. Der letzte Wille des Königs ist es, dass Excalibur ins Meer geworfen wird. Dort ergreift eine Hand die edle Waffe. Artus wird ans Ufer getragen und in eine Barke gelegt; hier warten bereits viele schöne Frauen, um ihn nach Avalon, der Insel der Feen im mythischen Nebel, zu begleiten.

GALAAD
LANCELOT
PERSEVAL
LE ROY ARTV
CARADOS

Ritter, Päpste und Romantiker

Auf der Suche nach dem Heiligen Gral

Von Matthias Weigold

Nie war der Heilige Gral in größerer Gefahr als im Frühjahr des Jahres 1244. Seit über 1000 Jahren befand er sich nun schon im Besitz der Katharer, einer einflussreichen christlichen Glaubensgemeinschaft, die mit der römischen Kirche rivalisierte. Der Gral – bis heute gilt er als die heiligste aller Reliquien: der Kelch, den Jesus Christus beim Letzten Abendmahl benutzt hat; das Gefäß auch, in dem der jüdische Edelmann Joseph von Arimathia die Blutstropfen des gekreuzigten Jesus aufgefangen hat; dieses unvorstellbar kostbare Kleinod, das Joseph dann auf seiner Flucht vor Juden und Römern nach Südfrankreich in Sicherheit gebracht hat. So zumindest erzählen es die Legenden.

Im Gebiet um die Rhônemündung begann Joseph den Menschen zu predigen. Und weil ihm von Jesus Christus selbst das Wesen aller Göttlichkeit offenbart worden war, sahen die Menschen, die sich die »Katharer«, die Reinen, nannten, in ihm und nicht in dem Apostel Petrus und dessen Nachfolgern, den Päpsten, den Künder des wahren Christentums. Und war der Gral, der »Schatz der Katharer«, nicht sichtbares Zeichen des göttlichen Auftrags an Joseph? Also hatte Papst Innozenz III. (1198–1216) in Sorge um das Glaubens- und Machtmonopol der römisch-katholischen Kirche den Katharern den Krieg erklärt. Fast 50 Jahre wütete der erbarmungslose Kreuzzug gegen die »Ketzer« (abgeleitet aus dem Namen Katharer). In ihrem Stammland, der französischen Provinz Languedoc, wurden zwei Drittel der Bevölkerung von den Kreuzrittern getötet.

Am Ende verschanzen sich die letzten Katharer mit ihrem Schatz in der Bergfestung Montségur, die auf einer schroffen Felsklippe am Rand der französischen Pyrenäen liegt. Zehn Monate lang verteidigen sie sich hartnäckig gegen ihre Belagerer. Auch als zu Weihnachten 1243 die Kreuzritter einen Trupp bergerfahrener pyrenäischer Söldner die Steilwände hinaufschicken, die bei einem Guerilla-Angriff fast allen Wächtern die Kehlen durchschneiden, geben die Belagerten nicht auf. Das Ende am Montségur (Berg des Heils) kommt erst am 16. März 1244, nachdem die Vorräte aufgebraucht und die Kräfte erschöpft sind. In der Nacht vor der Übergabe der Burg jedoch seilt sich der Anführer der Katharer, Amiel Aicard, mit drei Gefährten in einer halsbrecherischen Aktion über die lotrechten Bergschründe ab. Und als in dieser Nacht auf einem benachbarten Berg ein Feuer aufflackert, wissen die Belagerten, dass es den vier Männern gelungen ist, durch das Lager der Kreuzritter zu schleichen und zu entkommen – nicht um sich selbst zu retten, sondern um den Schatz der Katharer in Sicherheit zu bringen. Die letzten 225 Verteidiger der Burg aber ergeben sich und werden von den Kreuzrittern am Fuß des Berges auf riesigen Scheiterhaufen verbrannt. Sie gehen singend in den Tod. Der Schatz der Katharer ist seit jenem Tag verschollen.

All das ist lange her und wäre zu mittelalterlicher Geschichte erstarrt, hätte nicht zu Beginn unseres Jahrhunderts ein französischer Lehrer namens Antonin Gadal damit begonnen, in den Höhlen um den Montségur nach dem geheimnisvollen Schatz der Katharer zu suchen. Und weil er über seine Suche das Buch ›Der Weg des Heiligen Grals‹ schrieb, wurde der Berg des Heils schnell zum Ziel der Okkultisten und Esoteriker Europas. Den Gral freilich fanden weder Gadal noch seine Bewunderer. Und das ist genau besehen nicht verwunderlich, denn bis heute weiß man nicht, was für eine Art Gegenstand der Heilige Gral eigentlich ist. Ob mit dem »Schatz der Katharer« tatsächlich der Gral gemeint war, ist ebenfalls umstritten.

„Bis heute weiß man nicht, was für eine Art Gegenstand der Heilige Gral eigentlich ist.“

Frankreich ist insofern der richtige Ort für die Suche nach der geheimnisvollen Reliquie, weil sie hier in den ersten uns bekannten historischen Quellen über dieses Thema erwähnt wird. Wie aus dem Nichts taucht das Motiv des Heiligen Grals in acht Manuskripten auf, die zwischen 1180 und 1220 entstehen und von unterschiedlichen Autoren stammen. Das älteste uns bekannte Manuskript stammt von Chrétien de Troyes und ist betitelt ›Le Conte del Graal‹ (»Die Erzählung vom Gral«). Der Versroman handelt von einem Helden, Parzival von Wales, der von seiner Mutter an den Hof von König Artus geschickt wird, um Ritter zu werden. Als er nach seiner Ausbildung nach Hause zurückkehrt, begegnet er zwei Fischern, die ihn zu einer geheimnisvollen Burg führen. Und dort erblickt er zum ersten Mal den Gral, der bei einem Bankett in feierlicher Prozession herbeigetragen wird. Chrétien schreibt: »Es kam eine Dame und hielt zwischen ihren Händen einen Gral. Sie war wunderschön, anmutig und herrlich geschmückt. Und als sie mit dem Gral in den Händen eintrat, erstrahlte ein solch helles Licht, dass alle Kerzen ihre Leuchtkraft verloren.« Welcher Gegenstand nun genau der Gral ist, bleibt ziemlich unklar. Chrétien beschreibt ihn zwar: »Er war aus reinem Gold und mit vielen kostbaren Steinen besetzt – die schönsten und kostbarsten, die im Meer oder in der Erde existieren.« Aber letztlich kann man nur vermuten, dass es sich um ein Gefäß handeln muss, denn der kranke Herr der Burg, König Amfortas, entnimmt dem Gral geweihte Hostien – seine einzige Nahrung.

Zwei anonyme Autoren, die zehn Jahre nach Chrétiens Tod den Roman vollenden, schaffen erste Verwirrung. So heißt etwa der Held nun nicht mehr Parzival, sondern Gawain. Und der Gral scheint kein Gegenstand, sondern vielmehr eine Person zu sein – sie bewirtet die in der geheimnisvollen Burg versammelten Ritter: »Gawain sah, wie der herrliche Gral zur Tür hereinkam und vor jeden ein Brot legte. Er schenkte auch Wein aus und füllte große Becher aus feinem Gold und deckte den Tisch damit.« Um die Verwirrung komplett zu machen, beschreiben die anonymen Autoren den Gral dann wieder eindeutig als Gegenstand: »Es stimmt, dass Joseph ihn herstellen ließ, Joseph von Arimathia, der den Herrn so sehr liebte, dass er am Tag, als jener gekreuzigt wurde, mit dem Gral nach Golgatha kam. Er stellte ihn sogleich unter Gottes Füße, die nass von Blut waren, und sammelte so viel wie möglich in diesem Gral aus feinem Gold.«

Demnach muss man sich den Gral als eine Art goldene Schüssel vorstellen, die frei im Raum herumschwebt und Speise und Trank in unbegrenzter Menge produziert. Doch auch damit nicht genug. In der Fortsetzung taucht sogar noch ein zweiter Gral auf: ein geschnitzter Kopf nämlich, den ein Freund Josephs namens Nikodemus nach dem Vorbild des am Kreuze sterbenden Christus angefertigt hat. In der »Geschichte des Heiligen Gral« von Robert de Boron (um 1199 geschrieben) und im ›Didot Parzival‹ eines unbekannten Autors von

1200 ist der Gral wieder wie bei Chrétien ein Kelch. Doch dann verfasst im Jahr 1205 der einflussreichste deutsche Dichter seiner Zeit, Wolfram von Eschenbach, seinen großen Gralsroman ›Parzival‹. Und bei ihm ist der Gral nun weder Kelch noch geschnitzter Kopf noch schwebender Essensspender, sondern ein magischer Stein, den Wolfram »lapis excillis« (kleiner Stein) nennt. Mit diesem schönsten Edelstein aus der Krone Luzifers hat angeblich Gott alle die Engel verbannt, die ihn bei seinem Kampf gegen den abtrünnigen Luzifer nicht unterstützten. Damit noch nicht genug der Verwirrung. In der Gralsgeschichte »Perlesvaus« eines unbekannten Autors ist der Gral ein undefinierter Gegenstand, der Visionen erzeugt. In dem um 1220 entstandenen Romanzyklus eines ebenfalls unbekannten Autors, dem ›Gran Saint Graal‹, wird der Gral als ein Buch beschrieben, das Jesus selbst geschrieben hat und das doch gleichzeitig auch einem Kelch ähnelt, der »nicht aus Holz oder irgendeinem Metall noch aus einem Stein oder aus Horn oder aus Knochen« war.

„Joseph von Arimathia hat den Gral aus dem Heiligen Land mitgebracht.“

Allein diese ersten acht Erzählungen mit ihren verwirrenden Gralsbeschreibungen und ihrem Personal aus Hexen und Brunnengöttinnen, Kaiserinnen und Rittern, Zauberern und merkwürdigstem Getier, mit ihren symbolhaften Abenteuern, rätselhaften Begegnungen und unglaublichen Kämpfen sind Stoff genug, in dem man sich bei der Suche nur zu leicht verlieren könnte. Zumal die meisten Autoren auch noch ältere Quellen erwähnen, aus denen sie die wahre Geschichte vom Gral übernommen haben wollen – Bücher, Manuskripte oder Erzählungen, die für uns aber verloren sind. Und tatsächlich lässt sich in den Romanen ein buntes Gemisch frühchristlicher Mystik, heidnisch-keltischer Heldenverehrung und islamischer Esoterik nachweisen.

Trotzdem sind die so verschiedenen Gralsgeschichten immer nur Varationen einiger zentraler Grundmotive: Joseph von Arimathia hat den Gral aus dem Heiligen Land mitgebracht. Zur Zeit der Erzählungen wird das Kleinod von einem kranken König auf einer unauffindbaren Burg gehütet. Mit dem kranken König leidet auch das ganze Land an einem rätselhaften Siechtum. Land und König können geheilt werden, wenn einem besonders edlen Ritter das Kunststück gelingt, die verborgene Gralsburg zu finden und angesichts des Grals dem König eine bestimmte Frage zu stellen. Immer ist es König Artus von Britannien, der seine Ritter auf die Suche nach dem Gral schickt. Und Parzival bleibt es vorbehalten, die Gralsburg zu finden.

Weil er aber nicht weiß, welche Frage er dem kranken König stellen soll, verschwinden Gral, König und Burg: Parzival muss seine Suche von vorne beginnen. Als er nach jahrelangen Irrfahrten die Gralsburg ein zweites Mal entdeckt, ist er so weit gereift, dass er die entscheidende Frage stellen kann. Bei Wolfram von Eschenbach heißt es: »Schluchzend sagte Parzival: ›Sagt mir, wo der Gral hier liegt. Wenn Gottes Liebe an mir siegt, so wird das die Gemeinschaft spüren!‹ Er kniete dreimal hin, in Richtung Gral, der Trinität zu Ehren, und erflehte die Befreiung des Königs von der Qual. Er richtete sich auf und fragte: ›Oheim, sag, was quält dich so?‹« Und sofort wird der König gesund, das Land erblüht, und Parzival wird zum neuen Gralshüter.

Einen Mann gibt es in allen Romanen, der ebenso untrennbar mit dem Gral verbunden ist wie Joseph von Arimathia oder Parzival, und das ist König Artus von Britannien, der seinen Rittern die Suche nach dem Heiligen Gral überhaupt erst zur Aufgabe macht. Die Suche nach der so rätselhaften Reliquie muss also bei dem legendären König ansetzen. Auf den ersten Blick macht das noch keine Probleme. Der historische Artus scheint ein keltischer Heerführer gewesen zu sein, der um 500 in der Schlacht am »Mons Badonis« gegen die Invasion der Angelsachsen kämpfte. Das berichten zumindest einige frühmittelalterliche Quellen aus England (wobei bis heute niemand weiß, wo der Berg Badon liegt). Dann nahm sich der englische Geistliche Geoffrey von Monmouth des Themas an. Er erwähnte ihn um 1135 in seiner ›Historia Regum Britanniae‹ (Geschichte der Könige Britanniens). Darin sind fast alle wichtigen biografischen Daten von Artus bereits enthalten: Er wird von dem König Uther Pendragon auf der Burg Tintagel beim Ehebruch mit der betörenden Ygerna gezeugt, der Frau von Gorlois, dem Herzog von Cornwall.

„Der historische Artus scheint ein keltischer Heerführer gewesen zu sein.“

Mit seinem auf der Feeninsel Avalon geschmiedeten Schwert Excalibur wird er schon als junger Mann zum Helden im Kampf gegen die Feinde Britanniens. Seine Eroberungszüge führen ihn bis nach Norwegen, Dänemark, Norditalien, Frankreich und Deutschland. Als Sieger kehrt Artus nach Britannien zurück, und unter seiner weisen Regentschaft beginnt ein zwölf Jahre dauerndes goldenes Zeitalter. Er gründet einen Ritterorden, in den er die besten Recken seiner Zeit aufnimmt. Während eines weiteren Feldzuges in Burgund reißt Artus' Neffe Mordred die Macht in Britannien an sich. Beim Kampf gegen seinen Rivalen wird Artus tödlich verletzt und auf die Feeninsel Avalon gebracht. Über sein weiteres Schicksal erfahren wir nichts. Artus' berühmte Tafelrunde allerdings wird in dieser Geschichte ebenso wenig erwähnt wie der Heilige Gral oder die Suche danach und die damit verbundene Idee von edlem Rittertum und Minnedienst. Diese Motive fügen später andere Autoren (unter anderem auch Chrétien de Troyes) hinzu.

Geoffreys Geschichtsschreibung hatte »einen zutiefst patriotischen Beweggrund«, schreibt der walisische Historiker Gwyn A. Williams in seinem Buch ›Excalibur. Europäische Legenden um Artus‹. Und weiter: Er »musste die Britannier und ihre Nachkommen mit einer wertvollen und ehrenhaften Geschichte versorgen, die derjenigen der Franzosen mit ihrem Karl dem Großen vergleichbar war«. So tauchen in der Historia zahlreiche historisch belegte Persönlichkeiten und Orte auf, wenn er auch vieles ausschmückt, abwandelt, modernisiert und hinzudichtet – wie eben auch bei dem keltischen Haudegen Artus. Die »Historia« begründet den unsterblichen Ruhm des Königs. Bereits im Jahr 1190 behaupten die Mönche des kleinen südenglischen Klosters Glastonbury, sie hätten bei Aufräumungsarbeiten nach einem Brand in ihrer Kapelle ein Grab mit den Gebeinen eines 2,40 Meter großen Mannes sowie einige kleinere Knochen und ein Büschel blonder Haare gefunden. Und in diesem Grab habe ein Kreuz aus Blei gelegen, auf dem in lateinischer Sprache eingraviert war: »Hier liegt der berühmte König Artus auf der Insel Avalon mit seiner zweiten Frau Guinevre begraben.« Seither gilt Glastonbury als das legendäre Avalon und entwickelt sich schnell zum Wallfahrtsort und zum bedeutendsten und reichsten Kloster Britanniens.

Lokale Legenden erzählen, Joseph von Arimathia habe seine Flucht nicht in Südfrankreich, sondern erst an der Südküste Englands beendet und habe auf dem einzigen Hügel in den Salzmarschen am Bristol Channel ein Kloster als Hort für den Heiligen Gral gegründet. Doch leider sind aus Glastonbury sowohl der Gral spurlos verschwunden als auch das Artuskreuz aus Blei, das der Beweis für die Existenz des berühmten Königs gewesen wäre. Auch dessen glanzvolle Hauptstadt Camelot blieb unauffindbar – und ob Glastonbury tatsächlich Avalon ist, lässt sich nicht nachweisen. Also führt auch der Versuch, auf der Suche nach dem Gral bei Artus fündig zu werden, in die Irre.

Doch dann hat im Jahr 1995 der Engländer Graham Philips am Ende seiner mit detektivischer Hartnäckigkeit geführten Fahndung nach Artus und dem Gral in einem Grottenlabyrinth im englischen Hawkstone Park tatsächlich einen kleinen, schmucklosen Onyxkelch aus römischer Zeit gefunden. War das nun der Heilige Gral? Obwohl seit 900 Jahren Menschen wie besessen danach suchen, ist dieser angebliche Fund der heiligsten aller Reliquien erstaunlicherweise ohne jedes Echo geblieben. Offenbar besteht die mächtigste Verbindung zwischen König Artus und dem Gral darin, dass es im Grunde bedeutungslos ist, ob sie irgendwann und irgendwo in Zeit und Raum wirklich existiert haben. Von Bedeutung ist nur, was sie verkörpern: Artus symbolisiert den politischen Messias, der die Suche nach dem Gral stiftet, um einer verrohten Gesellschaft ein neues, hohes, edles Ziel zu setzen. Artus ist der Visionär, der seine Ritter ausschickte, nicht damit sie den Gral tatsächlich finden, sondern damit sie sich selbst vervollkommnen. Diese Suche wäre dann weit mehr als nur ein weltliches Abenteuer, sie wäre eine spirituelle Reise zu Gott – eine Reise, die auch heute noch die Menschen zum Aufbruch lockt.

„Artus symbolisiert den politischen Messias, der die Suche nach dem Gral stiftet.“

Man kann die Gralsforscher für Spinner und die Gottsucher für Träumer halten und damit die alten Legenden als christlich bewegte mittelalterliche Fantasy abtun. Welche erstaunlichen Energien aber tatsächlich in den Geschichten lauern, erkennt man am besten, wenn man sich den Missbrauch des Grals vor Augen führt. Einer der Männer etwa, die 1931 mit dem Schulmeister Antonin Gadal in den Höhlen am Montségur nach dem Schatz der Katharer suchten, war ein junger Deutscher namens Otto Rahn, der von sich schrieb, er sei »unter der magischen Strahlung des Grals« geboren worden. Auch er wird natürlich nicht fündig, verfasst aber ein Buch ›Kreuzzug gegen den Gral‹. Und dieses Buch, das die kühnsten Spekulationen über den

Gral enthält, erregt das Interesse Heinrich Himmlers, der als Reichsführer SS einer der kaltblütigsten Vollstrecker der Hitlerdiktatur werden sollte.

Mittlerweile ist gut dokumentiert, in welchem Maße die NS-Prominenz von wirrer Mystik, alten Heldendichtungen und absurden Kosmologien beeinflusst war. Institutionen wie die Thule-Gesellschaft oder die SS-Gruppe Ahnenerbe arbeiteten ganz gezielt an der Schaffung einer neoheidnischen, germanisch-arischen Weltanschauung für die Menschen. Und mit schrecklicher Instinktsicherheit erkannten die Männer um Adolf Hitler, wie hilfreich ein Archetypus wie die Artusfigur und die Gralslegende ist, wenn es darum geht, ein Volk zu blindbegeisterter Gefolgschaft zu verführen.

So organisierte Himmler seine SS unmittelbar nach dem Vorbild von Artus' Ritterrunde und nannte sie »Schwarzer Orden des Todes«. Auf der Wewelsburg in Westfalen errichtete er seiner SS ein zweites Camelot, indem er dort eine runde Krypta und einen Saal für Versammlungen im Stil der Tafelrunde erbauen ließ. Hitler selbst ließ sich mit teuflisch-genialem Kalkül auf einem Propagandabild sogar als Gralsritter darstellen, in schimmernder Rüstung auf einem Schlachtross sitzend, eine Fahne in der Hand. Und wenn er die Seele seines Dritten Reiches beschwor, dann sprach er ganz bewusst vom »Heiligen Gral des deutschen Blutes«, für den millionenfaches Vergießen nicht-germanischen Blutes die einzig angemessene Opferhandlung sei. Einmalige Geistesirrungen in einem abartigen politischen Exzess? Keineswegs.

„ Die Gralssage regt zu einer psychologischen Betrachtung an. “

Wie zeitlos wirkungsvoll der Mythos von König Artus und dem Gral ist, bewies auch Präsident John F. Kennedy (1917–1963). Nur 17 Jahre nach dem Ende des Dritten Reiches fanden er und sein Clan es als vollkommen angemessen, dass die Hauptstadt Washington mit ihren innersten Machtzirkeln den Code-Namen »Camelot« enthielt. »Die Gralssage regt zu einer psychologischen Betrachtung schon deshalb an, weil sie ihre Faszination auch für den modernen Menschen nicht eingebüßt hat. Was darauf hinzuweisen scheint, dass in ihr ein noch immer lebendiger Mythos enthalten ist.« So beginnen Emma Jung, Tochter des Psychoanalytikers Carl Gustav Jung, und Marie-

Louise von Franz, Meisterschülerin Jungs, ihre Abhandlung ›Die Gralslegende in psychologischer Sicht‹. Schnell kommen sie zu der Erkenntnis, dass der verschollene Gral und die Suche danach etwas ist, was C. G. Jung selbst als »Archetypus« bezeichnet hat, ein Motiv also, das die Menschen in ihrem innersten Wesen, in ihrer Seele sozusagen, berührt und bewegt. »Archetypen scheinen einen besonderen Zauber auszuüben. Sie schaffen Mythen, die ganze geschichtliche Epochen charakterisieren, als eine Art geistiger Therapie für die Leiden und Ängste der Menschheit«, schreibt C. G. Jung darüber.

Vor wenigen Jahren erst, nämlich 1994, hat sich die amerikanische Psychologin Jean Shinoda Bolen auf eine Gralssuche im Sinne C. G. Jungs nach Glastonbury begeben. Auch in ihrer modernen Schau der Gralslegende hat dieser Aufbruch nicht den Heiligen Gral selbst zum Ziel. Was sie finden möchte, ist Heilung, Heilung von allem, was die Menschen – mittelalterliche Ritter der Tafelrunde ebenso wie Menschen des 20. Jahrhunderts – in ihrem Leben quält: Angst, Sinnlosigkeit, Leere, Pessimismus. Dabei erlebt und beschreibt sie ihre Suche ganz unmissverständlich als Pilgerfahrt: »Die Gralslegende ist eine der zentralen Mythen des zweiten christlichen Jahrtausends. Die Geschichte drückt höchst anschaulich den psychologischen Weg zur Ganzheit aus. Und sie enthält ein ganz eindeutiges Versprechen: das Potenzial zu Vollständigkeit, Heilung und Sinn.«

Was also genau erzählt uns die Gralslegende? Zum einen handelt sie von einer beinahe sinnlosen Suche, bei der sich die Suchenden in unzähligen Gefahren bewähren müssen. Und sie handelt von Parzival, der den Gral findet, aber zu unreif ist, die entscheidende Frage zur Erlösung des kranken Königs zu stellen. Er reift jedoch durch seine weitere jahrelange Suche. Und als er am Ende eine zweite Chance erhält, kommt ihm die entscheidende Frage ganz leicht über die Lippen: »Oheim, sag, was quält dich so?« – weil praktisch jede Frage richtig ist, sofern sie, bewegt von liebevoller Anteilnahme, gestellt wird.

1099: Sturm auf Jerusalem!

Die Kreuzfahrer und ihr blutiger Pilgerzug

Von Wulf Bröning

Als Iftikhar al-Daula, der ägyptische Kommandant der Festung Jerusalem, am 8. Juli des Jahres 1099 über die Zinnen der Stadtmauer schaute, traute er seinen Augen nicht: Tausende der christlichen Angreifer, von Hunger und Durst deutlich gezeichnet, zogen betend um die Stadt. Das stolze Heer der Kreuzritter, ausgezogen, um die heiligen Stätten aus den Händen der Heiden zu befreien, schien auf dem absoluten Tiefpunkt angelangt. Für die Bewohner Jerusalems war eine Belagerung nichts Neues. Knapp dreißig Jahre zuvor, 1071, war die Stadt von türkischen Seldschuken erobert worden, die ihren sunnitischen Glauben eingeführt hatten. Zwei Jahrzehnte später hatten die aus Ägypten stammenden schiitischen Fatimiden versucht, ihren Einfluss in Palästina zu erweitern. Auf Befehl des Kalifen al-Mustali war Jerusalem 1098 erneut erobert und nach vierzigtägiger Belagerung von den sunnitischen »Ketzern« befreit worden.

Mit jeder neuen Eroberung war die Härte gewachsen, mit der die jeweiligen Herrscher gegen die Andersgläubigen vorgegangen waren. Von der Toleranz, mit der die muslimischen Herren seit dem 7. Jahrhundert ihre christlichen Nachbarn behandelt hatten, war Ende des 11. Jahrhunderts nicht mehr viel zu spüren. Je mehr sich Jerusalem auch für Muslime zu einer wichtigen Pilgerstätte entwickelt hatte, desto weniger mochten sie die Christen und Juden in direkter Nähe der Heiligtümer dulden. Mit der Eroberung Jerusalems durch die Seldschuken war es mit der religiösen Nachsicht endgültig vorbei gewesen: Christliche Gottesdienste waren verboten und die Kirchen zerstört worden. Pilgerreisen nach Jerusalem – vorher schon beschwerlich – waren wegen der häufigen Überfälle praktisch nicht mehr möglich.

Nun stand also ein Gegner vor den Mauern Jerusalems, der von einem ganz ähnlichen religiösen Eifer getrieben wurde. Mehr als 50 000 Menschen, darunter auch Kleriker, Frauen und Kinder, waren dem

Aufruf Urbans II. gefolgt, um die heiligen Stätten von den »Ungläubigen« zu befreien. Doch der Marsch hatte seinen Tribut gefordert. Der Großteil der Teilnehmer hatte schon auf dem Weg aufgegeben oder war ums Leben gekommen, und den etwa 15 000 Überlebenden, die es tatsächlich bis nach Jerusalem geschafft hatten, waren die Strapazen deutlich anzusehen. Nahrungs- und Wassermangel, Seuchen und die unerträgliche Hitze hatten die Kreuzzügler an den Rand des Zusammenbruchs getrieben. Hinzu kam, dass die Seldschuken den Christen durch Angriffe so lange zusetzten, »bis ihnen ihre Nahrungsvorräte ausgingen und sie sich mit dem Verzehr von Aas begnügen mussten«, wie der muslimische Geschichtsschreiber Ibn al-Qalanisi (1073–1160) in seiner ›Chronik der Kreuzzüge‹ nicht ohne Mitleid feststellte.

„Der Marsch hatte seinen Tribut gefordert.“

Doch Iftikhar al-Daula konnte sich kein Mitgefühl leisten. Er war ein ausgezeichneter Stratege und wusste genau, wie man die Schwäche eines Gegners am besten ausnutzte. Auf seinen Befehl wurden die Christen aus Jerusalem vertrieben, was den Verteidigern gleich mehrfachen Nutzen brachte: Wenn er die Bevölkerungszahl reduzierte, würden in der belagerten Stadt weniger hungrige Münder zu füttern sein und die Vorräte länger reichen. Das Heer der Kreuzritter hingegen musste sich zusammen mit den Ausgewiesenen in der kargen Landschaft außerhalb der Stadtmauern durchschlagen, und schließlich war man alle potenziellen Sympathisanten der Angreifer losgeworden. Als letzte und effektivste Maßnahme hatte der Kommandant kurz vor der Ankunft der Belagerer alle außerhalb der Mauern gelegenen Brunnen zuschütten lassen. Während die Verteidiger über ausreichend Lebensmittel und frisches Wasser verfügten und daher in aller Ruhe auf Verstärkung warten konnten, verdursteten die Angreifer zu Dutzenden vor den Mauern. Und mit jedem Toten wuchs der Hass auf die Muslime. Die hatten hinter ihren Mauern nämlich alles, was man zum Leben brauchte, wie die ausgewiesenen Christen den Kreuzfahrern berichteten.

Bei ihrer verzweifelten Suche nach Wasser hatten die Angreifer in der Nähe der Mauern eine Quelle entdeckt, die sich in dreitägigem Rhythmus neu füllte. Doch in Reichweite der feindlichen Bogenschützen zu trinken, konnte das Leben kosten, und so blieb nichts anderes übrig, als das benötigte Wasser aus einer zehn Kilometer entfernten Quelle in ledernen Säcken heranzuholen. Aber auch dieses Unternehmen forderte einen hohen Blutzoll: Immer wieder ließ Iftikhar al-Daula Ausbrüche unternehmen und die durstigen Ritter auf dem Weg zum Wasser überfallen. Die Taktik hatte Erfolg. Im Lager der Kreuzritter war ein Schluck der stinkenden Brühe bald nur noch zu fantastischen Preisen erhältlich. Die Zahl derer, die den Strapazen erlagen oder sich auf eigene Faust auf den Weg in die Heimat machten, wuchs von Tag zu Tag.

Die Zeit lief den Kreuzrittern in jeder Hinsicht davon. Das Heer schrumpfte, und die Moral der Männer verschlechterte sich mit jedem entbehrungsreichen Tag. Den Anführern waren die Hände gebunden: Sie konnten keinen Angriff wagen, solange keine Belagerungsmaschinen zur Verfügung standen. Steinschleudern und Türme wiederum konnte man erst bauen, wenn das Baumaterial mit Schiffen herangebracht worden war. Es standen nicht einmal genügend Männer zur Verfügung, um Jerusalem vollständig einzuschließen. Die östliche und südöstliche Seite der Stadt musste unbewacht bleiben, und die Verteidiger nutzten die Zeit, um die Mauern vor den Augen der hilflosen Angreifer weiter zu verstärken.

„Die Zeit lief den Kreuzrittern in jeder Hinsicht davon.“

Den Führern des Kreuzzuges, Gottfried von Bouillon, Raimund von Toulouse, Robert von Flandern und Balduin I. von Boulogne, war die verzweifelte Situation durchaus bewusst. Am 12. Juni trafen sie sich zu einer Lagebesprechung auf dem Ölberg, wo ihnen ein Eremit eine erstaunliche Vision offenbarte: Gleich am nächsten Tag sollten die Fürsten den Angriff befehlen. Mit Gottes Hilfe, so der Eremit, würden die Kreuzritter Jerusalem erobern. Sie müssten es nur wirklich wollen.

Der Vorschlag war ein reines Selbstmordkommando. Keiner der Befehlshaber konnte es sich leisten, seine geschwächten Soldaten in einem Unternehmen zu opfern, das von vornherein zum Scheitern verurteilt war. Und dennoch entschieden sie, den Versuch zu wagen: Am 13. Juni befahlen sie den Angriff auf Jerusalem. Iftikhar al-Daula war von der Entschlossenheit, mit der sich die Angreifer stundenlang gegen die hohen Mauern warfen, vollkommen überrascht. Auch wenn muslimische und christliche Chronisten einmütig konstatierten, dass die Kreuzritter nicht einmal über die grundlegendsten Belagerungswaffen verfügten, gelang es ihnen, die äußeren Verteidigungsringe an der Nordseite zu überrennen. Aber trotz dieses Erfolges blieb der große Durchbruch aus. Der Angriff stockte, rannte sich fest, und nach verbissenem Ringen blieb den Christen nur ein frustrierter Rückzug.

In dieser Situation beging Iftikhar al-Daula einen entscheidenden strategischen Fehler. Anstatt einen Gegenangriff auszuführen und den Kreuzzug an dieser Stelle zu beenden, hielt er seine Männer hinter den Mauern zurück. Er war entschlossen, auf die Stärke seiner Befestigung zu vertrauen und die Bedrohung auszusitzen. Die Moral der Angreifer war nach dem abgebrochenen Sturm auf dem absoluten Nullpunkt. Und die Schuldigen waren schnell gefunden: Die wankelmütigen Kämpfer waren es gewesen, die laut Raimund von Aguilers ›Geschichte der Franken‹ genau »in dem Moment, als die Stadt kurz vor der Eroberung stand, den Angriff ängstlich abgebrochen hatten«. Bei einer realistischen Einschätzung der Lage hätte allerdings schon vorher klar sein müssen, dass ohne vernünftige Sturmwerkzeuge nie eine Chance bestanden hatte, Jerusalem zu erobern.

Mittlerweile war die ersehnte Verstärkung eingetroffen. Im Hafen von Jaffa lagen sechs Schiffe, die nicht nur die dringend benötigten Lebensmittel für die Soldaten an Bord hatten, sondern auch Werkzeug für den Bau von Belagerungsmaschinen. Fünfzig Ritter und fünfzig Infanteristen wurden auf den Weg nach Jaffa geschickt, um den Transport zu sichern. Eine viel zu kleine Gruppe für die rund siebzig Kilometer durch feindliches Terrain führende Route, und so entschloss man sich nachträglich, eine zweite Gruppe mit fünfzig Rittern hinterherzuschicken. Aber Iftikhar al-Daula war den Angreifern wieder einmal einen Schritt voraus. In aller Heimlichkeit hatte er 600 seiner besten Krieger aufgestellt, die die Kreuzritter unterwegs abfangen sollten. Und der Plan gelang. Wenige Kilometer vor Jaffa stellten die Muslime ihre Gegner, umzingelten sie und überdeckten sie aus sicherer Entfernung mit einem Pfeilhagel. Die Antwort der Kreuzritter auf diese Bedrohung war selbstmörderisch: In geschlossener Reihe, die beinahe ungepanzerten Bogenschützen zuerst, gingen sie auf den

„Mittlerweile war die ersehnte Verstärkung eingetroffen.“

Gegner los. Wenige Augenblicke später war der Kampf entschieden: Gut siebzig Ritter lagen tot im Sand. Die Überlebenden wurden nur durch das Eintreffen der zweiten Abteilung gerettet. Mit dem Mut der Verzweiflung stürzten sich die Nachzügler auf ihre Gegner und schlugen sie in die Flucht. Rund 200 Muslime wurden erschlagen, dem Rest gelang der Rückzug nach Jerusalem.

Trotz dieses erfolgreichen Gegenschlags war der Nachschub noch lange nicht sicher im Lager. Zu allem Unglück erschien gerade in diesem Moment die ägyptische Flotte vor Jaffa. Nur einem einzigen der Kreuzritterschiffe gelang die Flucht. Die anderen wurden in aller Eile entladen und dem Gegner kampflos überlassen. Den Besatzungen blieb damit nichts anderes übrig, als sich dem Kreuzzug anzuschließen. Mit der Besetzung Jaffas hatten die Muslime den Kreuzrittern nicht nur den Fluchtweg über See, sondern auch den dringend benötigten Nachschub abgeschnitten – eine Nachricht, die nicht gerade dazu beitrug, die Hoffnung der Belagerer zu heben. Zwar war es gelungen, Seile, Nägel und Werkzeuge von den Schiffen nach Jerusalem zu transportieren, das benötigte Bauholz musste aber vor Ort aufgetrieben werden.

„Es war klar, dass das Heer ohne den dringend benötigten Nachschub nicht mehr lange aushalten konnte.“

Ironischerweise lösten die schweren Magenkrämpfe, unter denen der Normannenfürst Tankred wegen einer Ruhrerkrankung litt, das Problem der Baustoffversorgung: Auf der Holzsuche, die die Kreuzritter bis ins vierzig Kilometer entfernte Samaria trieb, trennte er sich von seinen Gefährten, um sich zu erleichtern. Vollkommen unerwartet stieß er dabei auf einen von den Muslimen vergessenen Holzvorrat, der zumindest dieses Problem der Kreuzfahrer löste. Endlich konnten sie mit der Herstellung der Belagerungsmaschinen beginnen. Unter Leitung eines portugiesischen Baumeisters entstanden Rammböcke, Katapulte und drei mehrgeschossige Belagerungstürme mit absenkbaren Brücken. Mit ihnen wollte man die Mauern überwinden und ins Innere der Stadt eindringen. Wer konnte, packte bei der Arbeit mit an, denn es war klar, dass das Heer ohne den dringend benötigten Nachschub nicht mehr lange aushalten konnte. Es war unmöglich, genügend Wasser beizubringen, und die Gefahr einer großen Seuche wuchs beständig – das hätte den gesamten Kriegszug zunichte gemacht.

In dieser kritischen Situation war es wieder ein Priester, der den demotivierten Kämpfern den Weg zum sicheren Sieg weisen wollte: Petrus Desiderius verkündigte eine Vision, nach der die Kreuzfahrer fasten und anschließend barfuß um die Stadtmauern pilgern sollten. Dann würde Gott ihnen den Sieg über die Heiden schenken. Auch wenn die Kreuzfahrer ein offenes Ohr für religiöse Visionen hatten, verfügten sie nach dreijähriger Reise über eine gesunde Portion Skepsis. Erst vor kurzem hatte sich der Mönch Peter Bartholomäus gegen Betrugsvorwürfe verteidigen müssen. Er hatte behauptet, in Antiochia die Lanze gefunden zu haben, mit der die Seite Christi am Kreuz geöffnet worden war. Als die Zweifel an seiner Entdeckung nicht verstummen wollten, hatte er sich bereit erklärt, eine Feuerprobe zu bestehen. Doch das Gottesurteil war eindeutig gewesen: Beim Versuch, unversehrt durch ein Reisigfeuer zu gehen, hatte er sich schwerste Verletzungen zugezogen und war wenige Tage darauf gestorben.

„Am 8. Juli zogen gut 15 000 barfüßige Kämpfer unter Trompetenstößen, Gebeten und Gesängen um die Stadt.“

Indes – mittlerweile war die Situation eine andere. Die Krieger waren verzweifelt und bereit, sich an jeden Strohhalm zu klammern. Nur zu gerne befolgten sie den Rat des Desiderius, in der Hoffnung, durch Buße das göttliche Wohlwollen für den Sieg zu erringen. Am 8. Juli zogen gut 15 000 barfüßige Kämpfer unter Trompetenstößen, Gebeten und Gesängen um die Stadt, während die Verteidiger sie von den Mauern herab mit Schmähungen überschütteten. Doch in den Spott mischte sich ernste Sorge. Besonders die beiden Belagerungstürme bereiteten Iftikhar al-Daula Kopfzerbrechen. Wenn es den Kreuzrittern gelang, ihre Kriegsmaschinen an die Mauern heranzuschieben, konnten sie massenweise in die Stadt einfallen. Am 10. Juli, zwei Tage nach der Prozession, waren die Belagerungstürme fertig. Das letzte Problem bestand jetzt darin, sie unversehrt nahe an die Stadtmauern zu manövrieren. Um das zu verhindern, waren die Mauern mit Balken gespickt, die die Türme auf Distanz halten sollten. Ein größeres Problem war allerdings die Treffsicherheit der muslimischen Katapultmannschaften, die mit griechischem Feuer die Angreifer abwehrten. Dieses brennende Gemisch aus Schwefel und verschiedenen Harzen ließ sich mit Wasser nicht löschen und war eine ständige Bedrohung für die hölzernen Türme und jeden, der mit der Geheimwaffe in Berührung kam.

12 000 einfache Soldaten und etwa 1200 Ritter standen zum Sturm bereit. Von Norden und Süden bewegten sich die Türme auf die Stadt zu und mussten als letztes Hindernis einen vor der Mauer gelegenen Graben überwinden. Raimund von Toulouse, der gegen die Südseite vorging, versprach jedem Mann eine Belohnung, dem es gelang, drei große Steine in den Graben zu werfen. Auf der Nordseite verfolgten die Anführer unterdessen eine andere Strategie: Mit einer gewaltigen Ramme stießen sie ein Loch in die Stadtmauer und nutzten das Geröll, um den Graben aufzufüllen. Der Kampf tobte die ganze Nacht und den folgenden Tag hindurch. Immer wieder gelang es Iftikhar al-Daula, der die Verteidigung an der Südseite persönlich anführte, die Ritter zurückzuschlagen. Nach zweitägigen Kämpfen ging der Turm schließlich mit einem Großteil seiner Besatzung in Flammen auf. Auf der Nordseite sah es für die Kreuzritter etwas besser aus. Gottfried von Bouillon war es gelungen, seinen Turm, den eine vergoldete Christusfigur krönte, an die Mauer heranzuführen. Alle Versuche der Verteidiger, den Turm durch Seile zum Umsturz zu bringen, schlugen fehl. Zu allem Unglück drehte auch noch der Wind, und beißender Rauch wehte ins Innere der Stadt. Als die ersten Verteidiger um die Mittagsstunden des 15. Juli 1099 flohen und die Zugbrücke des Turmes in der Nähe des Herodes-Tores auf die Stadtmauer krachte, war klar, dass die Stadt nicht mehr zu halten war.

„Als die ersten Verteidiger um die Mittagsstunden des 15. Juli 1099 flohen, war klar, dass die Stadt nicht mehr zu halten war.“

Nachdem die Kreuzritter einen Teil der Stadtmauer kontrollierten, konnten auch Sturmleitern eingesetzt werden, und mehr und mehr Angreifer strömten in die Stadt. Die Verteidiger flohen zum Tempelberg, doch bevor sie sich neu organisieren konnten, waren ihnen die Angreifer bereits auf den Fersen. Iftikhar al-Daula zog sich mit seiner

Leibgarde in die »Davidsburg« genannte Zitadelle zurück. Die achteckige Befestigung war dank ihrer mit Blei verfugten Mauern der stärkste Teil der ganzen Verteidigungsanlage, und eine Erstürmung hätte erneut einen hohen Blutzoll unter den Angreifern gefordert. Aber der Kommandant machte sich keine Illusionen über seine Zukunft. Als Gottfried von Bouillon ihm für eine kampflose Übergabe der Burg den freien Rückzug zusicherte, zögerte er nicht lange und rettete sich und seinen wenigen Vertrauten durch die Kapitulation das Leben.

Die Kreuzritter waren nach ihrem Sieg völlig außer Kontrolle. Angst, Entbehrungen und Hass auf die »Ungläubigen« entluden sich in einer Orgie der Gewalt. Der an Grausamkeiten nicht gerade arme Kreuzzug hatte seinen traurigen Höhepunkt gefunden. Jeder Bewohner von Jerusalem war ein Feind. Männer, Frauen und Kinder wurden wahllos abgeschlachtet. Die muslimischen Flüchtlinge, die sich in die Al-Aqsa-Moschee zurückgezogen hatten und eigentlich unter dem Schutz des Fürsten Tankred standen, wurden genauso massakriert wie ihre jüdischen Nachbarn, die in ihrer Synagoge bei lebendigem Leib verbrannt wurden. Noch 130 Jahre später schrieb der arabische Chronist Ibn al-Athir entsetzt (wobei er wohl etwas übertrieb): »Die Franken erschlugen alle Einwohner und brandschatzten die ganze Woche über. (…) In der Al-Aqsa-Moschee töteten sie 70 000 Menschen … und raubten aus dem Felsendom mehr als vierzig Silberleuchter.«

Der christliche Chronist Fulcher von Chartres (1059–1127), der das Heer der Kreuzfahrer begleitete, erklärte das brutale Vorgehen hingegen aus seiner Sicht: Nach der langen Verunreinigung durch die »Ungläubigen« sollte die heilige Stätte vollständig gereinigt werden. Der militärischen Eroberung Jerusalems folgte daher eine religiöse Säuberungsaktion, die die Gräuel der Belagerung weit in den Schatten stellte. Nachdem das Morden beendet war, formierten sich die Eroberer zu einer Dankprozession. Mit ihren Waffen in den Händen wateten sie durch das Blut, vorbei an den geschändeten Leichen ihrer erschlagenen Opfer. In der Totenstille der »befreiten« Stadt feierten die Kreuzritter ihren Sieg mit einem Gottesdienst.

»Nachdem das Morden beendet war, formierten sich die Eroberer zu einer Dankprozession.«

MDXLVIII

Kein Kaiser des Mittelalters war mächtiger

Warum die Sonne im Reich Karls V. dennoch unterging

Von Leo Sillner

A-E-I-O-U – diese fünf Vokale in der Reihenfolge des Alphabets ließ Kaiser Friedrich III. (1452–1493) auf allen seinen Bauten anbringen – eine Demonstration des habsburgischen Machtbewusstseins. Sie waren die Abkürzung für »Austriae est imperare orbi universo« (Es ist Österreichs Bestimmung, die gesamte Welt zu beherrschen). Auch deutsch ließen sie sich gleichen Sinnes interpretieren: »Alles Erdreich ist Österreich untertan.« Noch erheblich mehr traf das auf Friedrichs Urenkel zu, der als Karl V. von 1519 bis 1556 die Geschicke des Reiches lenkte. Ihm wird auch der Ausspruch in den Mund gelegt: »In meinem Reich geht die Sonne nicht unter.« Es erstreckte sich von Ungarn bis an den Pazifik. Nie zuvor und nie danach herrschte ein römisch-deutscher Kaiser über so viele Territorien; den letzten Weltenkaiser nannte ihn einer seiner Biografen. Und dennoch resignierte ausgerechnet dieser universale Monarch gegen Ende seiner Herrschaft und dankte ohne jeden Zwang zwei Jahre vor seinem Tod ab, ein nicht eben häufiger Vorgang in der Weltgeschichte. Nach fast 37 Jahren Regentschaft, nach zähem Ringen um die Einheit des Reiches und der Christenheit, nach ungezählten Kriegen stellte die Machtfülle des Habsburgers sogar die des legendären Kaisers der Franken, Karl des Großen, in den Schatten. Auch der Einfluss des Stauferkaisers Friedrich I. Barbarossa (1155–1190) verblasst vor der Machtfülle Karls. Wie ist zu verstehen, dass der mächtigste Mann der Weltgeschichte aus eigenem Entschluss seine Regentschaft aufgibt und sich im Alter von 55 Jahren auf einen kleinen abgelegenen Landsitz zurückzieht, um den Rest seines Lebens als »Pensionär« zu verbringen?

Der lange und steinige Weg des jungen Königs Karl hatte im Alter von 19 Jahren begonnen. Wesentliche Teile seines Riesenreiches waren durch Heirat und Erbschaft zusammengefügt worden. Schon Maximilian I. (1493–1519, ab 1508 Kaiser), Karls Großvater, hatte durch Heirat das Herzogtum Burgund geerbt. Karls Vater Philipp dem Schönen fiel dann durch Heirat der Anspruch auf die vereinigten spanischen Königreiche Aragon und Kastilien zu. Und zu diesem spanischen Erbe gehörten seit kurzem auch die überseeischen Besitzungen in Amerika. Karl, geboren am 24. Februar 1500 in Gent, war von Herkunft, Sprache und Erziehung weder Deutscher noch Spanier, sondern Burgunder. Schon als er sechs war, starb sein Vater Philipp. Seine Mutter, die spanische Königstochter Johanna, der die Geschichte den Beinamen »die Wahnsinnige« gab, wurde zunehmend manisch depressiv und lebte deshalb abgeschirmt auf einem spanischen Schloss. So lag Karls Erziehung bei seiner Tante Margarete, der habsburgischen Statthalterin in den Niederlanden. An Margaretes Hof dominierte der burgundische Stil, streng in den Formen, aber dennoch festesfroh und gesellig. Zugleich war man durchdrungen von einer tiefen und täglich praktizierten Religiosität. Karl orientierte sich an den Idealen des burgundischen Rittertums, mit einem ausgeprägten Gefühl für Ehre und dem starken Verlangen nach Ruhm. Und er lernte, seine Pflichten täglich und gewissenhaft zu erfüllen. Ansonsten aber galt er schon in seiner Jugend als verschlossen und unnahbar.

„Karl orientierte sich an den Idealen des burgundischen Rittertums.“

1515 wurde Karl in Burgund für großjährig erklärt. Ein Jahr später bekam er von seinem Großvater mütterlicherseits das spanische Königreich und damit zugleich Neapel und Sizilien. 1518 dann vermachte Kaiser Maximilian, der Großvater väterlicherseits, ihm und seinem jüngeren Bruder Ferdinand die österreichischen Erblande mit Ansprüchen auf Böhmen und Ungarn. Im Jahr darauf starb Maximilian. Jetzt stellte sich die Frage: Wer soll der nächste deutsche König werden? Dass man dabei keineswegs bevorzugt an einen deutschen Fürsten dachte, geht schon daraus hervor, dass Maximilian eine Weile König Heinrich VIII. von England in Erwägung zog. So muss es nicht verwundern, dass sich neben Karl auch König Franz I. von Frankreich um die Nachfolge bemühte. »Sire«, schrieb er recht höflich an Karl, »wir werben um die gleiche Dame.«

Die Entscheidung lag bei den sieben deutschen Kurfürsten. Von beiden Seiten flossen reichlich »Handsalben«, also Bestechungsgelder. Den Ausschlag gab aber die Befürchtung, dass der mächtige Franz die weitgehenden Freiheiten der Fürsten gegenüber dem König gefährden könnte. Bei Karl sahen sie diese Gefahr weniger, hatte er doch, wie sie glaubten, genug mit seinen anderen Ländern zu tun. So entschieden sie sich 1519 einstimmig für den jungen Habsburger. Karl erfuhr von seiner Wahl in Spanien, wo er sich schon seit 1517 aufhielt. Erst 1520 brach er auf und traf im Oktober in der Krönungsstadt Aachen ein. Sieht man von den Niederlanden ab, war es das erste Mal, dass er deutschen Reichsboden betrat. Tags darauf wurde er zum Römischen (= deutschen) König gekrönt. Der Papst gab ihm gleichzeitig die Erlaubnis, bereits den Titel »erwählter Kaiser« zu tragen. Von Anbeginn seiner Herrschaft war Karl nun mit den Problemen konfrontiert, die ihn während seiner ganzen Regierungszeit bedrängen sollten. Drei Komplexe waren es vor allem: der Kampf mit Frankreich, die Abwehr der türkischen Aggressionen und die Glaubensspaltung. Keines dieser Probleme konnte er zu seiner Zufriedenheit lösen.

„Von Anbeginn seiner Herrschaft war Karl nun mit den Problemen konfrontiert, die ihn während seiner ganzen Regierungszeit bedrängen sollten.“

Schon auf dem auf die Wahl folgenden Reichstag zu Worms 1521 musste Karl sich dem anbahnenden Problem der Glaubensspaltung stellen. Vermutlich hatte er bis dahin noch kaum etwas von Luther und der religiösen Unruhe im Reich gehört. Jetzt lud er den von seiner Sendung durchdrungenen Reformator vor den Reichstag, durchaus noch freundlich: »Ehrsamer, Lieber und Andächtiger«, begann das Vorladungsschreiben. Luther sollte sich erklären und widerrufen. Sein dramatischer Auftritt endete dann mit den bekannten Worten: »Widerrufen kann und will ich nichts. Gott helfe mir, Amen!«

In Worms wurde dem jungen Herrscher zum ersten Mal bewusst, dass bereits ein Riss durch die Nation ging. Ein Teil der Fürsten und Reichsstädte bekundete große Sympathie für Luthers Reformbestrebungen. Auch Karl erkannte die Missstände in der Kirche. Dennoch sah er in einer einigen Kirche den einzigen Garanten für das Heil der

Menschen – und auch für die Einheit seiner Reiche. In seinem Selbstverständnis fühlte er sich als Schutzherr der ganzen Christenheit. Doch er hatte keine Zeit zum Handeln. Andere Probleme zwangen ihn, Deutschland für mehrere Jahre den Rücken zu kehren. Denn noch während der Wormser Tage erklärte der französische König Franz I. Karl den Krieg.

Frankreich fühlte sich von allen Seiten von habsburgischen Ländern umklammert, hatte allerdings das Herzogtum Mailand in Besitz, das Einfallstor nach Italien. Der Krieg wurde vornehmlich in der Lombardei ausgetragen und endete 1525, als Karls Truppen bei Pavia die Franzosen schlugen. Franz wurde als Gefangener nach Madrid gebracht. Kaum entlassen, brach er den Frieden und schloss mit Papst Klemens VII. ein Bündnis, der seinerseits einen übermächtigen Kaiser fürchtete. So zogen nun die Landsknechte Karls auch gegen Rom. Beutegierig verwüsteten sie 1527 die Stadt; als »Sacco di Roma« empörte dieses Ereignis ganz Europa. Zwei Jahre später handelten diesmal Frauen den Frieden aus: Margarete von den Niederlanden und Königinmutter Louise von Frankreich, seit ihrer Jugend befreundet; man nennt ihn deshalb den »Damenfrieden von Cambrai«. Und noch eine Dame kam ins Spiel: Franz heiratete nun Eleonore, die Schwester Karls.

Dass Karl nicht in Frankreich eingefallen war, verdankte das Land den Türken. 1529 stand Sultan Soliman zum ersten Mal vor Wien. Immerhin ermöglichte der Frieden von 1529, dass sich Karl nun auch wieder um die deutschen Angelegenheiten kümmern konnte. Ein Jahr später ließ er sich – als letzter deutscher Herrscher – vom Papst in Bologna zum Kaiser krönen. Wie tief der Riss durch Deutschland inzwischen ging, zeigte sich daran, dass keiner der Kurfürsten dabei anwesend war. Einigkeit hätte allenfalls durch ein Konzil über die Glaubensfragen erreicht werden können. Doch die Kurie zeigte sich dazu immer noch nicht bereit.

„Ein Jahr später ließ Karl sich – als letzter deutscher Herrscher – vom Papst in Bologna zum Kaiser krönen.“

Nun schien doch wenigstens eine Art Nationalkonzil zustande zu kommen, als der Kaiser 1530 – nach neunjähriger Abwesenheit – zu einem Reichstag nach Augsburg einlud. Karl gab sich zunächst durchaus versöhnlich, auch die Protestanten, wie sie sich nun nannten, schienen kompromissbereit. Aber trotz wochenlanger Verhandlungen über ihre »Confessio Augustana«, in der die Glaubenssätze der Lutheraner zusammengefasst waren, kam es zu keiner Einigung. Karl war tief in seinem Stolz getroffen. Nur einen Erfolg konnte er für sich verbuchen: Sein Bruder Ferdinand wurde zum Römischen König gewählt. Das hatte freilich auch eine Kehrseite. Denn nun fürchteten die Fürsten eine habsburgische Erbmonarchie. So schlossen sie sich im Jahr darauf im thüringischen Schmalkalden zu einem Bund zusammen: einerseits, um ihr Bekenntnis notfalls mit Waffengewalt zu verteidigen, andererseits, um ihre »Freiheiten« zu schützen.

Karl verzichtete nicht ohne Grund auf ein Vorgehen des Reiches gegen sie. Denn wieder standen die Türken mit 250 000 Mann nahe vor Wien. Erst auf die Nachricht, dass auch die Lutheraner eine Armee gegen sie stellten, zogen sie sich zurück. Karl, beflügelt von diesem Erfolg, versuchte nun, gleich noch einen weiteren muslimischen Gefahrenherd zu beseitigen. Von Nordafrika aus bedrohte der Korsar Cheireddin Barbarossa schon lange die Handelswege und Küstenstädte. Karls Flotte unter dem Genuesen Andrea Doria errang vor Tunis einen glänzenden Sieg über den Piraten.

Doch nun sah Franz I. das Gleichgewicht zwischen Frankreich und Habsburg wieder gefährdet. Prompt fiel er 1536 in Oberitalien ein, jetzt ganz offen mit dem Sultan verbündet. Karl fühlte sich durch diese Untreue schwer in seiner ritterlichen Ehre verletzt. So forderte er, der sich in seiner Jugend in vielen Turnieren geübt hatte, Franz zu einem Duell heraus – ein Gottesurteil sollte entscheiden. Doch Franz lehnte ab. Immerhin gelang es diesmal dem Papst Paul III., die beiden verfeindeten Schwäger 1538 in Nizza zu einem Waffenstillstand zu bewegen. Und wieder wirkten zwei Frauen an den Bemühungen um einen Frieden mit: Karls Schwester Maria, jetzt Statthalterin in den Niederlanden, und Karls Schwester Eleonore, die französische Königin. Wenig später traf den Kaiser ein ganz persönlicher Schicksalsschlag: Nach 13 Ehejahren starb seine Frau Isabella von Portugal. In der Einsamkeit eines spanischen Klosters versuchte er, darüber hinwegzukommen. Aus seinen Meditationen wurde er durch die Nachricht gerissen, dass sich die Bürger von Gent erhoben hatten. Karl übte grausame Rache. Von Flandern aus zog er weiter nach Deutschland.

Im Vordergrund seiner Bemühungen stand erneut die Sorge um die türkische Gefahr; Karl brauchte gegen sie die Hilfe des Reiches. So schob er denn auch den Gedanken weiter von sich, im Glaubensstreit eine Lösung mit Waffen herbeizuführen. Er war ja auch immer noch voller Hoffnung, den Gegensatz zwischen den Konfessionen lösen zu können. Doch der Reichstag zu Regensburg 1541 brachte neue Enttäuschung. Zwar gab es Kompromissvorschläge, doch sie wurden alle verworfen. Und wieder lenkten außenpolitische Probleme den Kaiser ab. Im Mittelmeer trieb erneut der Korsar Cheireddin sein Unwesen, und Karl sah sich veranlasst, den kommenden Feldzug selbst zu leiten. Doch diesmal war das Kriegsglück gegen ihn: Durch Stürme verlor er einen Teil seiner Flotte und musste die Belagerung Algiers abbrechen. Im Herbst 1541 fiel seiner Umgebung auf, dass Karl schwer an seiner Enttäuschung trug und noch verschlossener wirkte, als er mittlerweile ohnehin schon war. Zu allem Unglück erklärte nun Franz I. dem Kaiser abermals den Krieg, den vierten, den die beiden gegeneinander führten. Die Kämpfe, in denen auch das Herzogtum Cleve auf Seiten Frankreichs stand, dauerten bis 1544.

„Karl wollte seine Macht auf dem Reichstag zu Augsburg so weit wie möglich ausspielen."

Wie sehr es Karl immer noch um eine Verständigung mit den protestantischen Fürsten ging, zeigte sich auch darin, dass er den unterlegenen Herzog von Cleve recht großzügig behandelte und ihm sogar eine seiner Nichten zur Frau gab. Aber innerlich war nun Karl doch allmählich entschlossen, den Schmalkaldischen Bund mit Gewalt in die Knie zu zwingen. Papst Paul III. hatte zwar inzwischen in Trient ein Konzil einberufen, dem jedoch die Protestanten fernblieben. So erklärte Karl, der fürchtete, sein Leben ohne bleibenden Erfolg verrinnen zu sehen, 1546 den Schmalkaldenern den Krieg. Auch der Papst stellte ein Truppenkontingent (das sich dann aber vor der Winterkälte wieder in den Süden zurückzog). Nach einigem Geplänkel entschied 1547 die Schlacht bei Mühlberg an der Elbe den Krieg zugunsten Karls. Wenn man so will, war der Kaiser jetzt auf dem Höhepunkt seiner Macht – zumal sein Erzfeind Franz I. am 31. März desselben Jahres in Rambouillet verstarb.

Karl wollte seine Macht auf dem folgenden Reichstag zu Augsburg so weit wie möglich ausspielen. Man nannte das Treffen den »geharnischten Reichstag«, weil der Kaiser als Sieger harte Bedingungen stellen konnte. In Glaubensfragen diktierte er das »Augsburger Interim«: Bis zu einer Konzilsentscheidung sollten Laienkelch und Priesterehe erlaubt sein, ansonsten aber nur die katholische Lehre gelten. Es wurde nie verwirklicht, schon allein deshalb, weil sich die protestantische Bevölkerung verweigerte. Aber auch zwischen den Brüdern Karl und Ferdinand gab es nun einen Riss. Es ging Karl, allmählich amtsmüde, um die Frage: Wer sollte nach seinem Tod die politische Welt der Christenheit führen? Nur widerwillig beugte sich König Ferdinand einem Kompromiss: Wenn er nach Karls Ableben Kaiser geworden sei, sollte Karls Sohn Philipp Römischer König und dann Kaiser werden. Das wurde niemals realisiert, denn auch die Fürsten waren einem solchen Plan höchst abgeneigt.

Dem Kaiser brachte dieser Reichstag trotz seiner Macht also nur Misserfolge. Entsprechend missgelaunt gab sich Karl gegenüber seiner Umgebung, nahm zum Beispiel seine Mahlzeiten nur alleine ein und verzog nie den Mund zu einem Lächeln, wie ein Chronist vermerkte. Neben Vorahnungen seines Todes trugen auch die immer heftigeren Gichtanfälle dazu bei. Ständig rieten ihm seine Leibärzte, Diät zu halten, aber Karl blieb ein unmäßiger Esser. Vermutlich litt er auch an Diabetes und an einer Fischallergie. Und immer häufiger suchten ihn, wie schon seine Mutter, »Johanna die Wahnsinnige« genannt, depressive Stimmungen heim.

Den Fürsten ging es jetzt nur darum, eine weitere Verfestigung der kaiserlichen Macht zu verhindern. Insgeheim verbündeten sie sich im Norden des Reiches erneut. Ebenso heimlich nahmen sie Kontakt mit Frankreichs neuem König Heinrich II. auf, dem Sohn von Franz I. Und der war sofort bereit, dessen antihabsburgische Politik fortzuführen. Er versprach reichlich Hilfsgelder; dafür sicherten ihm die Fürsten die Festungen Metz, Toul und Verdun zu. Der Kaiser ahnte von dieser Bedrohung lange nichts. Seine gesundheitlichen Beschwerden waren sicher mit ein Grund, dass ihm der Blick verstellt war. 1551 erklärte Frankreich den Krieg und nahm sofort die drei Festungen in Besitz. Zugleich zogen

„Es war Bruder Ferdinand, der mit den Fürsten Frieden schließen konnte.“

die aufständischen Fürsten gegen Karl zu Felde. 1552 drangen sie bis nach Tirol vor und verjagten den Kaiser aus Innsbruck. Es war Bruder Ferdinand, der mit den Fürsten Frieden schließen konnte und zugleich eine Kompromissformel in Glaubenssachen mit ihnen aushandelte. Sie wurde die Grundlage für den nächsten Reichstag in Augsburg 1555. Und sie lautete: »Cuius regio, eius religio« – wer das Land regiert, bestimmt die Religion.

Karl gelang es nicht, die lothringischen Festungen zurückzuerobern. Bei der Belagerung von Metz 1552 äußerte er zum ersten Mal laut die Absicht, alles aufzugeben. Er spürte, wie seine Autorität im Reich dahinschwand. Auch von dem seit 1545 in Trient tagenden Konzil versprach er sich nichts mehr. Er wusste: Der nächste Reichstag konnte nur eine Bestätigung der bisherigen religiösen Konzessionen bringen. Das wollte er nicht mehr selbst unterschreiben.

Den Reichstag leitete deshalb König Ferdinand, während sich Karl nach Brüssel zurückgezogen hatte. Von dort erreichte Ferdinand am 19. September 1555 Karls Botschaft, dass er für das Reich abdanke (formell angenommen wurde die Abdankung von den Kurfürsten erst 1558). Am 25. Oktober dankte Karl für die Niederlande ab. Jetzt stand noch Spanien aus. So paradox es klingen mag, die Reise dahin verzögerte sich, weil es Karl – wieder einmal – an Geld fehlte. So vollzog er den dritten Abdankungsakt am 16. Januar 1556 noch in Brüssel vor spanischen Notabeln. Doch dann hielt ihn nichts mehr in den Niederlanden. Karl, tief verletzt von den Vorgängen der vergangenen Jahre und tief enttäuscht von seinen Misserfolgen, zog sich in die entlegene Estremadura in Westspanien zurück. Hier, in Yuste, gab es ein Kloster der Hieronymiten; der Orden stand der königlichen Familie besonders nahe. Entgegen einer oft geäußerten Meinung ging Karl aber nicht als Mönch ins Kloster San Jerónimo de Yuste, sondern wollte nur nahe dabei seine letzten Tage verbringen. Die Villa, die man ihm baute, lag so, dass Karl von seinem Schlafgemach aus den Altar sehen konnte.

> **„Karl zog sich in die entlegene Estremadura in Westspanien zurück.“**

Karl führte, wie einer seiner Biografen schreibt, »das Leben eines fürstlichen Pensionärs, die Tafel war immer reich besetzt«. Er empfing auch häufig Gäste, die seinen Rat suchten. Insoweit war er auch weiterhin informiert, was draußen in der Welt vor sich ging. Unter seinen Pagen war auch sein unehelicher Sohn Juan, den ihm die Regensburger Bürgerstochter Barbara Blomberg geboren hatte. Dieser Juan d'Austria war es, der später den großen Sieg über die Türken bei Lepanto errang. Und natürlich widmete sich Karl täglich stundenlang dem Gebet und einsamer Meditation. Im Sommer 1558 erfuhr er noch vom Sieg seines Sohnes und Nachfolgers Philipp über die Franzosen in Flandern. Der Gedanke an die Vergänglichkeit alles Irdischen hatte ihn stets begleitet – umso gefasster sah er am 21. September 1558 dem Tod in die Augen.

Amerika vor dem Bürgerkrieg

Die Welt der Herren und der Knechte

Von P. J. Blumenthal

Der amerikanische Revolutionär Thomas Jefferson verkündete 1776 in der Unabhängigkeitserklärung, »dass alle Menschen gleich geschaffen und mit gewissen unveräußerlichen Rechten ausgestattet sind, darunter Leben, Freiheit und Streben nach Glück«. Der Mann, der solch edle Gedanken über die Bürgerrechte mitverfasst hatte, hielt damals zweihundert Schwarzafrikaner als Sklaven. Jefferson war nicht so uneinsichtig, dass er den Widerspruch nicht erkannt hätte. Dennoch verweigerte er seinen Sklaven die Freiheit. So auch sein Mitkämpfer Patrick Henry, ein wohlhabender Anwalt aus Virginia. Er erklärte 1775 in einer dramatischen Rede vor einer großen Unabhängigkeitsversammlung: »Ist das Leben so teuer und der Friede so süß, dass man sie zum Preis der Ketten der Sklaverei erkaufe? Gebt mir die Freiheit oder gebt mir den Tod!« Obwohl Patrick Henry eingestand, dass die Versklavung von Schwarzafrikanern »widerwärtig« sei, wollte er sich von seinen Sklaven doch nicht trennen. Auch der erste US-Präsident, George Washington, besaß Sklaven, verfügte aber ihre Freilassung erst in seinem Testament und für die Zeit nach dem Tod seiner Frau.

Die Sklaverei war der Schönheitsfehler der Amerikanischen Revolution. Sowohl im Norden des jungen Landes als auch im Süden handelte man im 18. Jahrhundert mit versklavten Afrikanern. Ein Drittel von ihnen lebte damals in Virginia, wo sie seit 1619 in der Landwirtschaft, vor allem auf Tabakplantagen arbeiteten. Tabak aber war der wichtigste Exportartikel der Kolonien. In den Häfen von Boston, New York, Baltimore, Charleston und Savannah legten die Sklavenschiffe aus Afrika an und boten ihre Menschenware feil. Allein in Providence, der Hauptstadt des kleinen Bundesstaates Rhode Island bei Boston, setzten geschäftstüchtige Händler am Anfang des 19. Jahrhunderts jährlich 6400 importierte Sklaven um. Im Norden arbeiteten allerdings nur wenige Sklaven, vorrangig als Hausangestellte. Wegen des strengen Winters war es unwirtschaftlich, sie als Feldarbeiter zu beschäftigen. Bezahlte Tagelöhner kosteten unter dem Strich viel weniger, weil man sie im Gegensatz zu Sklaven nicht auf eigene Kosten bekleiden und ernähren musste. Ab 1820 war die Sklaverei in den nördlichen Staaten nicht mehr üblich.

Ganz anders im warmen Süden. Dort arbeiteten die meisten Sklaven das ganze Jahr sommers und winters in der Landwirtschaft. Der Bedarf an Nahrung und Kleidung hielt sich, gemessen an der erbrachten Arbeitsleistung, durchaus in Grenzen, und die wirtschaftlichen Vorteile überwogen. Vielleicht wäre aber auch in den Südstaaten die Sklaverei nach und nach in Misskredit gekommen. Denn dort machten sich wie im Norden viele Menschen nach dem Unabhängigkeitskrieg Gedanken, ob die Verknechtung moralisch vertretbar sei. Doch im Jahr 1793 erfand Eli Whitney, ein Lehrer und Tüftler aus dem Norden, der in Georgia lebte, die Entkörnungsmaschine: ein einfaches Gerät, das die klebrigen Körnchen der kurzfaserigen Baumwollpflanze entfernte.

„Das Geschäft mit der Baumwolle boomte.“

Mit dieser Epoche machenden Erfindung löste Whitney eine Revolution aus. Es gibt nämlich zwei Sorten von Baumwollpflanzen: eine langfaserige Qualitätspflanze, die nur in Küstennähe gedeiht, und eine kurzfaserige, die zwar überall wächst, deren Quasten aber mit klebrigen, schwer zu entfernenden Körnchen versehen sind. Dank der Entkörnungsmaschine war es nun möglich, Baumwolle auch in den unbesiedelten Gegenden im Landesinneren anzubauen. Massenweise zogen Unternehmer in westliche Richtung nach Alabama und Mississippi, vertrieben die dort ansässigen Indianer und bauten Baumwolle an. Innerhalb von zehn Jahren hatte sich die Bevölkerung der südlichsten Staaten und Territorien der Vereinigten Staaten verfünffacht. Das Geschäft mit der Baumwolle boomte: Der Bedarf an Sklaven für die schwere Feldarbeit nahm zu. Die Baumwolle wurde für das junge Amerika zum Segen. Mit einem jährlichen Zuwachs um die fünf Prozent machte die Baumwolle in den 30er-Jahren bald 50 Prozent der US-Exporte aus. Im gesamten Welthandel stammten um 1860 zwei Drittel der Baumwolle aus den USA. Dieser neue Wohlstand hatte aber einen Schönheitsfehler: Er basierte größtenteils auf der Fronarbeit von Millionen rechtloser Sklaven. Schon 1819 lebten 1,5 Millionen Sklaven in den Baumwollanbaugebieten der südlichen Staaten und Territorien: in South Carolina, Georgia, Alabama und Mississippi.

Die Sklaverei wurde allmählich zu einem Politikum, vor allem im Norden. Quaker, Methodisten, aber auch liberal denkende Nordstaatler äußerten sich öffentlich zum Thema. Die Südstaatler waren immer häufiger gezwungen, die Verknechtung von Menschen zu rechtfertigen, ohne dass man sie davon überzeugen konnte, auf die Sklavenhaltung zu verzichten. Schon 1819 war Amerika mit 22 Bundesstaaten eine geteilte Nation: Elf Staaten erlaubten die Sklaverei, in den anderen war sie verpönt. Als Maine, damals ein Teil von Massachusetts, die Aufnahme in die Union als unabhängiger Bundesstaat beantragte, kam es zur Krise. Die Südstaatler drohten damit, den Antrag platzen zu lassen, um eine Machtverschiebung im Kongress zugunsten der sklavenfreien Staaten zu verhindern. Sie betrachteten das als Angriff auf ihre Lebensart. Sie boten aber einen Kompromiss an: Zum Ausgleich sollte Missouri als Sklavenstaat in die Union aufgenommen werden und das Gleichgewicht wäre erhalten geblieben. Der Norden reagierte zunächst skeptisch auf diesen Vorschlag, denn Missouri lag in einem Gebiet, in dem es keine Sklavenstaaten geben sollte. Nach zähen Verhandlungen verabschiedete der Kongress 1820 eine Grundsatzerklärung, wonach die südliche Grenze Missouris künftig als nördlichster Punkt für die Ausbreitung der Sklaverei zu gelten habe. Als der greise Thomas Jefferson von diesem »Missouri-Kompromiss« erfuhr, ahnte er Schlimmes. Für ihn riss der Kompromiss einen Graben auf, der das Land endgültig entzweien könnte. Und er sollte Recht behalten.

»Nach zähen Verhandlungen verabschiedete der Kongress 1820 eine Grundsatzerklärung.«

In den Jahrzehnten vor den kriegerischen Auseinandersetzungen gingen die Nord- und Südstaaten immer deutlicher getrennte Wege. Der Süden blieb überwiegend landwirtschaftlich ausgerichtet und war von der Sklavenarbeit abhängig. Im Norden dagegen begann ein Zeitalter des industriellen Aufschwungs. Die Infrastruktur wurde ausgebaut und modernisiert – dank neuer Straßen, Kanäle und auch Eisenbahnstrecken wurden die westlichen Territorien (damals Illinois) angeschlossen. Die Aufbauarbeit leisteten nicht Sklaven, sondern Tagelöhner – allerdings zu einem Sklavenlohn. Viele Arbeiter waren Neueinwanderer aus Europa: Iren, Deutsche, Schweden und Norweger. Sie schufteten nicht nur auf den Baustellen, sondern auch in den Textil- und Lederfabriken, die in den großen Städten wie New York und Boston aus dem Boden schossen. Manche Zuwanderer ließen sich in den westlichen Staaten und Territorien nieder, wo Grundstücke billig zu haben waren, und betrieben Ackerbau. Nur wenige zog es in die Südstaaten, denn sie hätten dort mit Sklaven um die Arbeit konkurrieren müssen.

Anfang der 30er-Jahre verschärfte sich im Norden die Diskussion über die Sklavenfrage. Nachdem die Engländer bereits 1833 die letzten Sklaven in ihren karibischen Kolonien befreit hatten, fragten sich liberal denkende Nordstaatler, Abolitionisten genannt, warum diese Barbarei in den Südstaaten noch existieren müsse. Man schickte Broschüren in den Süden, worin man die Sklaverei anprangerte. Abolitionisten versuchten den Kongress durch Unterschriftenaktionen zu beeinflussen. Neue Gesetze sollten die Ausbreitung der Sklaverei verhindern. Die Abgeordneten aus den Südstaaten – in die Defensive gedrängt – reagierten verärgert und ließen im Kongress eine Hausregel verabschieden, die solche Unterschriftensammlungen verbieten sollte. Die Sklavenbesitzer, eine Minderheit der Weißen in den Südstaaten, fühlten sich nicht nur von den Abolitionisten des Nordens in ihren Rechten eingeschränkt. Gefahr schien auch von den eigenen Sklaven zu drohen. 1831 organisierte in Southampton, Virginia, der Sklave Nat Turner einen Aufstand gegen seine Unterdrücker. Turner und etwa vierzig Mitstreiter richteten mit Prügeln und Macheten ein Blutbad an. Sechzig Weiße – Männer, Frauen und Kinder – wurden von ihnen umgebracht, bevor es gelang, die Aufrührer dingfest zu machen. Kurz vor seiner Hinrichtung prophezeite Nat Turner künftige Schreckensszenen.

> **„Sklaven, die lesen konnten, hielt man für besonders gefährlich."**

Die Sklavenhalter nahmen die Mahnung ernst. Man bestrafte aufmüpfige Sklaven mit aller Härte und peitschte sie aus, um sie einzuschüchtern und jeden Widerstand schon im Keim zu ersticken. Sklaven, die wie Nat Turner lesen konnten, hielt man für besonders gefährlich. Das Lesenlernen wurde deswegen allgemein verboten. So blieben 95 Prozent aller Sklaven bis 1860 Analphabeten. Die Herren hielten sich sogar für Wohltäter. Ein Großgrundbesitzer in South Carolina erklärte einmal einem Besucher: »Ich behandele sie wie meine Kinder, die ich gegen Armut und Not schütze.« Viele Sklavenhalter behaupteten, es ginge den Sklaven im Süden ja viel besser als den Tagelöhnern im Norden, die in heruntergekommenen Armenvierteln ihr Leben fristeten.

Doch die Wahrheit war kaum mehr zu verschleiern. Als der geflüchtete Sklave Frederik Douglass 1845 in Boston seine Memoiren veröffentlichte, wurde sein schonungsloser Einblick in das Leben der Sklaven zum Bestseller. Er erzählte von willkürlichen Strafen mit der Peitsche, von einer Zwangstrennung von der eigenen Mutter, die von ihrem Besitzer vergewaltigt wurde, von schmutziger Kleidung, schlechtem Essen und ständigen Demütigungen. Gegner der Sklaverei organisierten Hilfswerke, »Unterirdische Eisenbahn« genannt, und ermöglichten den Sklaven die Flucht nach Norden. Politisch wurde es zunehmend schwieriger, das Misstrauen zwischen Nord und Süd abzubauen. Nachdem sich Texas 1836 seine Unabhängigkeit von Mexiko erkämpft hatte und schließlich die Aufnahme in die USA beantragte, blockte dies der Norden ab, weil man damit rechnete, dass Texas zu den Sklavenstaaten zählen würde. Als Texas 1845 der Union beitrat, gerieten die USA in einen Krieg mit Mexiko, den die Nordstaatler nur zögerlich unterstützten, weil sie befürchteten, indirekt für die Ausdehnung der Sklaverei zu kämpfen.

„Als Kalifornien 1850 dem Bund als sklavenfreier Staat beitreten wollte, wäre es schon damals fast zum Bürgerkrieg gekommen.“

Die Aufnahme jedes neuen Bundesstaates verursachte immer neue Krisen. Als Kalifornien 1850 dem Bund als sklavenfreier Staat beitreten wollte, wäre es schon damals fast zum Bürgerkrieg gekommen. Als Ausgleich für Kalifornien nötigten die aufgebrachten Politiker des Südens den Kongress, ein Gesetz über flüchtige Sklaven zu verabschieden. Flüchtlinge, egal wo sie sich aufhielten, mussten an ihre Besitzer zurückgegeben werden. Panik brach unter den nun illegal im Norden lebenden Schwarzen aus. Etwa 20 000 von ihnen gingen nach Kanada, um der Bedrohung zu entkommen. Um diese Zeit veröffentlichte Harriet Beecher Stowe ihr berühmtes Buch ›Onkel Toms Hütte‹, um das Übel der Sklaverei und die tragische Lage der Flüchtigen anzuprangern. Eine Million Exemplare wurden innerhalb eines Jahres verkauft. Kritiker im Süden bezeichneten die Geschichten im Buch als Schauermärchen.

Die nächste Krise brachte das Fass beinahe zum Überlaufen. Man schrieb das Jahr 1854. Stephan Douglas, demokratischer Senator aus Illinois, kündigte einen Gesetzesentwurf an, der die Aufteilung des Nebraska-Territoriums in einen freien Bundesstaat, Nebraska, und einen Sklavenstaat, Kansas, vorsah. Die Politiker des Nordens lehnten den Entwurf ab. Begründung: Die Bevölkerung im Territorium sollte selbst entscheiden, ob sie Sklavenhaltung zulassen wolle oder nicht. Im Süden argumentierten die Politiker, dass ein Mensch im gesamten Territorium das Recht haben müsse, Sklaven zu halten, wenn er dies wolle. Dann wurde das Douglas-Gesetz durch den Einfluss von Präsident Franklin Pierce doch verabschiedet. Dadurch war das Chaos vorprogrammiert: Weil Kansas nördlich der Missouri-Kompromiss-Linie lag, durfte es kein Sklavenstaat werden. Als sich Pro-Sklaverei-Agitatoren in Kansas niederließen, kam es zu Konflikten mit den Gegnern der Sklaverei. Bürgerkriegsähnliche Auseinandersetzungen waren die Folge, zweihundert Menschen starben im Lauf der Unruhen.

„Die Union war zu dieser Zeit nicht mehr zu retten.“

Die Union war zu dieser Zeit nicht mehr zu retten. Die Südstaatler, ständig in Angst, eine parlamentarische Minderheit zu werden, kämpften erbittert um ihre Interessen im Repräsentantenhaus. Dennoch geriet der Süden immer mehr ins Hintertreffen. Bis 1854 waren die Landesgrenzen der Vereinigten Staaten die gleichen wie heute. Doch eine gerechte Einteilung in Sklaven- und sklavenfreie Staaten wäre unmöglich gewesen, vor allem weil im Norden die Sklavenhaltung aus wirtschaftlichen, aber auch aus ethischen Gründen längst nicht mehr vertretbar war. Im März 1857 fällte das Oberste US-Gericht das letzte Urteil, das den Sklavenstaaten Hoffnung machte. Der Sklave Dred Scott klagte, dass er de facto frei sei, weil er mit seinem Besitzer einige Jahre in einem freien Staat verbracht hatte. Die Richter entschieden jedoch mehrheitlich gegen Scott und begründeten dies mit einem schockierenden Urteil: Er sei schließlich das Eigentum eines anderen Menschen und habe daher keine Rechte. In den USA dürfe man schließlich sein Eigentum überall mitnehmen.

Die Plantagenbesitzer im Süden jubelten, doch die Nation war am Ende. Sie funktionierte nicht mehr als Einheit. Nicht einmal die politischen Parteien waren zu retten. Die demokratische Partei hatte sich in zwei Flügel gespalten, die zu keinem Kompromiss bereit waren. Kleine Parteien wurden gegründet, eine für die Freiheit, eine gegen die Einwanderer. Aus solchen Splittergruppen war 1854 eine neue Großpartei entstanden: die »Republikaner«. Sie stellten sich entschieden gegen die Sklaverei. Das Chaos des Parteiensystems ermöglichte es, dass 1860 der republikanische Kandidat Abraham Lincoln zum Präsidenten gewählt wurde. Er konnte sich gegen drei andere Kandidaten durchsetzen und gewann am 6. November 1860, obwohl er nur 40 Prozent der Stimmen erhalten hatte.

Mit seiner Wahl erkannten viele Politiker aus den Südstaaten, dass die Zeit des Redens endgültig vorbei war. Sie wussten, dass Lincoln als Gegner der Sklaverei seinen Einfluss jetzt geltend machen würde. Im Dezember 1860 entschied sich South Carolina, den Bund zu verlassen. Januar 1861 folgten Mississippi, Florida, Alabama, Georgia, Louisiana und Texas. Sie schlossen sich zu den »Confederate States of America« (CSA), einem unabhängigen und selbstständigen Staatenbund zusammen. Am 9. Februar 1861 wählten sie Jefferson Davis zu ihrem Präsidenten. Zwei Monate später feuerten Südstaatler nahe Charleston in South Carolina die ersten Schüsse auf die Bundesfestung Fort Sumter ab. Nun schlossen sich auch Virginia, North Carolina, Arkansas und Tennessee den Konföderierten Staaten an, deren Hauptstadt zunächst Montgomery, Alabama, ein Jahr später Richmond in Virginia wurde. Präsident Lincoln reagierte und schickte Truppen. Der Bruderkrieg hatte begonnen.

Pioniere der Luftfahrt

Die Gebrüder Montgolfier, Lilienthal und Wright

Von Sigurd Merker

Ende des 19. Jahrhunderts hatten eigentlich die europäischen Flugpioniere die Nase vorn. Der Franzose Clément Ader hatte ermutigende Versuche mit seinen Flugapparaten gemacht, dem deutschen Erfinder Karl Jatho gelangen motorgetriebene erste Luftsprünge und sogar der amerikanische Konkurrent der Wrights, Gustav Weißkopf, war ein Deutscher. Dennoch waren es Amerikaner, die Brüder Wilbur und Orville Wright, die als Erste ein steuerbares Flugzeug bauten, das länger als nur ein paar Sekunden in der Luft blieb. Dabei waren die Wrights zu Beginn ihrer Karriere als Luftfahrtpioniere nicht besonders erfolgreich: Sie hatten mit der kleinen Fahrradfabrik, die sie gemeinsam betrieben, ihr Auskommen. Doch die Drahtesel, die sie herstellten, wiesen weder revolutionäre Neuerungen auf noch waren sie wesentlich besser als die der Konkurrenz. Vielleicht war es die Erkenntnis, hier in eine Sackgasse geraten zu sein, die Wilbur Wright dazu brachte, sich dem Motorflug zu widmen. Wilbur, der Visionär, war es, der den entscheidenden Brief an die Smithsonian Institution schrieb, mit dem ihre Studien über den Motorflug begannen. Und Orville ließ bereitwillig den Funken auf sich überspringen, den die Nachricht vom Tod Otto Lilienthals im Jahr 1896 entzündet hatte.

Der deutsche Flugpionier hatte 1862, zusammen mit seinem eineinhalb Jahre jüngeren Bruder Gustav, schon im Kindesalter die erste Flugmaschine gebaut. Später machten sich die Brüder gemeinsam an die Konstruktion verbesserter Apparate: Systematisch mit der nüchternen Intelligenz des Ingenieurs Otto und ideenreich mit der künstlerischen Ader des Architekten Gustav. So entwickelten sie zusammen nicht nur erste Flugapparate, sondern auch einen Steinbaukasten für Kinder – und erlitten ein typisches Erfinderschicksal: Unfähig, ihre Ideen zu vermarkten, verkauften sie für 1000 Mark die Maschine und das Patent zur Herstellung der Kunststeine an einen Unternehmer, der mit dem »Anker-Steinbaukasten« ein Millionenvermögen machte. Auch das Problem des Antriebs gingen die Brüder Lilienthal (wie andere Pioniere) zunächst falsch an: Sie setzten auf das Schlagflügelprinzip nach dem Vorbild der Vögel. Nur dem Ingenieur Otto gelang es, sich von dieser romantischen Idee zu lösen. Er konstruierte Gleitapparate, sparte das Antriebsproblem zunächst aus – und hatte Erfolg. Sein Bruder Gustav träumte bis zu seinem Tod 1933 davon, einen Schlagflügler zu verwirklichen.

Als die Wrights im Jahr 1902 ihre Gleitflüge erfolgreich beendet hatten, verschwendeten sie keinen Gedanken an das Schlagflügelprinzip. Ihr Flugzeug sollte von einer Luftschraube angetrieben werden. Doch ihre Funktion war noch nicht erforscht, und so mussten sich die Brüder ihre eigene Theorie erarbeiten. Für Orville und Wilbur war das Anlass zu heftigen Diskussionen. »Die Brüder bekamen regelrechte Wutanfälle«, erinnerte sich Charlie Taylor, ein Mechaniker der Wrights. »Sie beschimpften sich gegenseitig. Ich glaube nicht, dass sie wirklich den Verstand verloren hatten, aber bestimmt waren sie furchtbar erregt.« Ein Problem von jeder Seite zu beleuchten, einen Gesichtspunkt leidenschaftlich zu verteidigen und doch auf die Argumente des Bruders einzugehen, das war ihre Stärke. Zusammen mit Taylor baute Orville Anfang 1903 den ersten leichten Wright-Flugmotor, den Wilbur über Weihnachten entworfen hatte. Wobei weniger die geniale Konstruktion, als vielmehr das mechanische Geschick des Tüftlers Orville zum Erfolg führte.

Fast genau 120 Jahre, bevor sich die Wrights ihrem Ziel näherten, schlug sich ein anderer Flugpionier mit dem Problem einer Verbrennungsmaschine herum.

Fast genau 120 Jahre, bevor sich die Wrights schrittweise und heftig diskutierend ihrem Ziel näherten, schlug sich ein anderer Flugpionier mit dem Problem einer Verbrennungsmaschine herum: Joseph Montgolfier. Er hatte sich einen Apparat ausgedacht, in dem durch elektrische Zündung Wasserstoffgas explodierte und Wasser in die Höhe drückte. Joseph verfasste einen Brief an die Académie des Sciences in Paris, um seine Erfindung patentieren zu lassen, verfolgte die Idee aber nicht weiter. Der Brief wurde vergessen und erst 1936 entdeckt.

So ging Joseph Montgolfier nicht als Erfinder des Verbrennungsmotors, sondern des Heißluftballons in die Technikgeschichte ein.

Joseph war, was die Naturwissenschaft betrifft, Autodidakt. Seine Familie lebte im südfranzösischen Annonay und betrieb eine Papierfabrik, und auch er hatte sich erfolglos in diesem Geschäft versucht. Joseph war bankrott. Eines Abends im November 1782 wärmte er sich am Kamin in seiner Wohnung in Avignon, wo er die Rechte studierte, um seinem flatterhaften Leben eine Basis zu schaffen. Er betrachtete das Feuer, wo durch die Hitze Rußflocken den Kamin hinaufgetragen wurden. Er träumte mit offenen Augen: Ein Gas, das vom Feuer erzeugt und in einem Behälter gefangen war, müsste doch auch Menschen in die Höhe tragen können. Was Millionen Menschen vorher gesehen hatten, ohne dass sie die richtigen Schlüsse daraus zogen, erprobte Joseph sofort in einem Experiment: Er baute ein leichtes Holzgerüst in Form eines rechteckigen Kastens, überzog es mit Stoff, entzündete einige Papierfetzen in der Öffnung am Boden – und die Konstruktion erhob sich vom Boden, um an die Zimmerdecke zu schweben.

> **Bis zu einem großen Heißluftballon war jedoch noch Entwicklungsarbeit zu leisten.**

Schlagartig erkannte Joseph die Bedeutung seiner Entdeckung. Er fuhr nach Hause zu seinem jüngeren Bruder Étienne in Annonay. Der leitete die dortige Papierfabrik und war sofort Feuer und Flamme, stürzte sich in die Experimente. Schon am 14. Dezember flog das erste Modell im Freien. Bis zu einem großen Heißluftballon, der in Paris der Öffentlichkeit und dem König vorgestellt werden sollte (der Realist Étienne hoffte auf finanzielle Unterstützung), war jedoch noch Entwicklungsarbeit zu leisten. Der Praktiker Étienne stellte die Berechnungen an, er fand in Paris die geeigneten Handwerker, die den Stoff zuschnitten und mit Papier fütterten, und organisierte weitere Versuche. Dank seiner Ausdauer stieg schließlich am 19. September 1783 in Versailles vor den Augen des Königs ein Ballon mit einem Schaf, einer Ente und einem Hahn an Bord in die Lüfte. Während Étienne in Paris beschäftigt war, blieb Joseph im heimischen Annonay, beantwortete Étiennes Briefe, ermutigte oder beglückwünschte ihn – und widmete sich physikalisch-chemischen Experimenten (beinahe hätte er eine Verbrennungsmaschine erfunden). An Bord seines Heißluftballons wagte er sich nur einmal, sein Bruder nie.

Anders die Brüder Wright: Jeder von ihnen war ein begeisterter und geschickter Flieger, und vor jeder Versuchsserie warfen sie eine Münze, um zu entscheiden, wer als Erster in den Flugapparat steigen durfte. Doch waghalsig waren sie beide nicht: »Ich habe nicht vor, mich unberechenbaren Situationen auszusetzen, (...) weil ich mich nicht verletzen will«, schrieb Wilbur vor Beginn der ersten Gleitflüge an der Ostküste der Vereinigten Staaten in Kitty Hawk an seinen Vater, um ihn zu beruhigen – und weil er fühlte, dass Orville ohne ihn die gemeinsame Idee nicht weiterverfolgen würde. »Ich kann an nichts anderes mehr denken: Wäre ich dabei gewesen, dann wäre das nicht passiert«, klagte Wilbur 1908 seiner Schwester Katherine. Der Anlass: Bei einer Flugvorführung für die Armee war Orville abgestürzt, schwer verletzt und ein Passagier getötet worden. Wilbur wusste, dass sein Bruder, der die Öffentlichkeit scheute, zwar der Aufgabe gewachsen, aber durch die Neugier der Zuschauer abgelenkt worden war.

> **»Trotz der Rückschläge hatten die fliegenden Brüder Wright der Welt gezeigt, dass der motorgetriebene Flug möglich war.«**

Trotz der Rückschläge hatten die fliegenden Brüder der Welt gezeigt, dass der motorgetriebene Flug möglich war. Jetzt zogen die europäischen Ingenieure mit den Amerikanern gleich, viele allein, etliche zusammen mit dem Bruder: Gabriel und Charles Voisin gründeten in Frankreich die erste Flugzeugfabrik Europas. Den Brüdern Henri und Maurice Farman, ebenfalls Franzosen, gelang die entscheidende Verbesserung des Wright-Flugzeugs: Die Verwindung der Tragflächen ersetzten sie durch Querruderklappen, wie sie bis heute an allen Flugzeugen verwendet werden. Und die deutschen Brüder Reimar und Walter Horten bauten, um den Luftwiderstand zu verringern, sogar schwanz- und rumpflose Nurflügelflugzeuge. Sie alle waren Konstrukteure und Unternehmer, die ein Geschäft witterten und von der Fliegerei besessen waren – wie die deutschen Ingenieure Hellmuth und Wolf Hirth. Hellmuth hatte 1911 sein Pilotenpatent erworben und seinen elfjährigen Bruder Wolf auf einen Probeflug mitgenommen. Die Leidenschaft für das Fliegen ließ auch Wolf nicht mehr los.

Doch die Begeisterung allein brachte auch damals keinem Erfinder den Erfolg. Das Geheimnis der fliegenden Brüder: Hier wirkten zwei gegensätzliche Persönlichkeiten zusammen, die miteinander streiten konnten, ohne sich zu zerstreiten. Hier arbeiteten der Träumer und der Ingenieur Hand in Hand – was der eine sich ausdachte, konnte der andere verwirklichen. Wusste der Ingenieur nicht mehr weiter, fand der Träumer einen Ausweg und umgekehrt. Gemeinsam ließen sich auch Spott und Rückschläge besser verkraften. Denn Brüder halten zusammen wie Pech und Schwefel – wenn sie nicht gerade streiten.

Thomas Mann und das Geheimnis des Zauberbergs

Ein Roman und seine Hintergründe

Von Peter Boccarius

Er hat es nicht lassen können. Bereits in seinem ersten Erfolgsroman – den ›Buddenbrooks‹ – hat Thomas Mann mehr als dreißig Personen seiner Vaterstadt Lübeck mit viel hintergründiger Ironie porträtiert. So meisterlich, dass in der Stadt Listen umliefen, wer im Roman wer in der hanseatischen Wirklichkeit sei. Halb Lübeck konnte sich, je nach Standpunkt, königlich amüsieren oder wütend ereifern. Wütend ereiferte sich zum Beispiel Thomas Manns Onkel Friedel. Als Christian Buddenbrook treibt er im Buch sein köstliches (Un-)Wesen. Schon bald nach Erscheinen des Romans protestierte er in der Zeitung dagegen; und ganze elf Jahre später beschwerte er sich nochmals mit einer Annonce im ›Lübecker Generalanzeiger‹ über seinen Neffen Thomas, den »Nestbeschmutzer«. Dieser aber wollte nicht darauf verzichten, Menschen und Geschehnisse seiner Umgebung immer wieder – mehr oder weniger verschlüsselt – in seinen Werken nachzubilden. Und nicht immer konnte er den Ärger, den er sich dadurch einhandelte, unwillig beiseite schieben, wie sich noch zeigen wird. Und damit sind wir beim ›Zauberberg‹.

1912, erzählt Manns Ehefrau Katja in ›Meine ungeschriebenen Memoiren‹, bekam sie eine »kleine Lungenaffektion«. Schwer krank sei sie nicht gewesen, »und möglicherweise wäre die Geschichte, wären wir nicht zu Sanatoriumsaufenthalten in der Lage gewesen, von selbst wieder gut geworden«. Aber: »Es war Sitte, wenn man die Mittel dazu hatte, wurde man nach Davos oder Arosa geschickt.« Die Manns hatten die Mittel dazu, und Frau Katja ging für ein halbes Jahr ins »Waldsanatorium Professor Jessen« im Schweizer Kurort Davos. Thomas Mann arbeitete damals noch am ›Tod in Venedig‹ – nach Romanen wie ›Buddenbrooks‹, ›Tonio Kröger‹, ›Königliche Hoheit‹. Die Familie wohnte zu dieser Zeit in München, in der noblen Mauerkircher Straße, und im oberbayerischen Bad Tölz, wo Thomas Mann ein elegantes

Landhaus besaß, mit zwölf Zimmern, Tennisplatz und einem Riesengarten. Aber nun legte der Gatte den Federhalter aus der Hand und machte sich auf den langen Weg zu seiner Frau ins Schweizer Hochgebirge. Das war am 15. Mai 1912.

1912: Das war auch das Jahr, in dem die ›Titanic‹ unterging, Gerhart Hauptmann den Nobelpreis für Literatur bekam, ›Die Biene Maja‹ von Waldemar Bonsels erschien. 28 Staaten schickten zu den fünften Olympischen Spielen der Neuzeit Athleten nach Stockholm. Die Sozialdemokraten stellten im Reichstag die stärkste Partei, und die Offiziere in den Kasernen klirrten kriegslüstern mit den Degen. Bei den Damen kam die Wespentaille allmählich aus der Mode, nicht aber die gewaltigen Hüte; und der Herr von Welt ließ sich auf der Straße nicht ohne Zylinder oder eine andere Kopfbedeckung blicken.

Thomas Mann also reiste mit der Eisenbahn zu seiner Frau in die Berge. Das erste Gespräch der Eheleute war, Frau Katja deutet es in den ›Memoiren‹ an, dem der Vettern bei deren Wiedersehen zu Anfang des ›Zauberberg‹ ähnlich. Vielleicht auch, was die Informationen über Mitpatientinnen im Sanatorium angeht. Zum Beispiel über die umwerfend ordinäre Musikergattin, die »kosmisch« und »kosmetisch« verwechselte und die durch den Dichter als »Frau Stöhr« unsterblich wurde. Katja hat sich überhaupt als Fundgrube für des Schriftstellers Arbeit am ›Zauberberg‹ gezeigt: In Briefen und Gesprächen versorgte sie ihren Mann mit köstlichen Charakteristiken und Einzelheiten aus ihren Davoser Tagen. Er selbst blieb nur drei Wochen und wohnte auch nicht im Sanatorium. Die Ärzte empfahlen ihm zwar, als er plötzlich einen Katarrh bekam, ein halbes Jährchen bei ihnen »hier oben« zu verbringen, aber er folgte diesem Rat nicht.

Im Sommer 1913 begann er ernsthaft mit der Arbeit am ›Zauberberg‹. Ursprünglich sollte das eine nicht sehr umfangreiche, heitere Novelle werden. Wie bekannt, wuchs sich der Stoff schließlich unter der Hand zu einem großen Roman aus. Zunächst kam der Autor aber nur ein paar Kapitel weit. Denn im Sommer 1914 brach der Erste Weltkrieg aus. Da wurde für Mann anderes wichtiger – zum Beispiel der Kampf gegen seinen Bruder Heinrich. Später, im Zweiten Weltkrieg, zeigte sich Thomas Mann als kompromissloser Anhänger der Demokratie und als wortgewaltiger Kämpfer gegen Hitler (den er 1933 in einem Brief einen »geflickten Lumpenkönig« nannte). Im Ersten Weltkrieg war es ganz anders. Der Mann-Experte Hans Wißkirchen beschreibt in ›Die Familie Mann‹ den Autor des ›Zauberberg‹ so: »Er schlägt sich auf die Seite des Staates, verteidigt den Ersten Weltkrieg und schwelgt in einem üblen Chauvinismus. Daran gibt es nichts zu deuteln oder zu beschönigen.« Ein konservativer Nationalist also, der sich wie der Großteil der deutschen Bevölkerung für den Krieg begeisterte und sogar den widerrechtlichen Überfall Deutschlands auf das neutrale Belgien begrüßte.

> **Als der Erste Weltkrieg tobte, fielen die Brüder Mann in ihren Schriften öffentlich übereinander her.**

Nicht so sein um vier Jahre älterer Bruder Heinrich. Der gehört wie Hermann Hesse, René Schickele, Franz Werfel und andere zu dem kleinen Häuflein deutscher Schriftsteller, die den Krieg als Unglück sehen; als Pazifist ist er entsetzt über die Einstellung seines Bruders Thomas. In seinen Werken (zum Beispiel im Roman ›Professor Unrat‹, der später mit Marlene Dietrich als ›Der blaue Engel‹ verfilmt wurde) hat Heinrich Mann den konservativen deutschen Spießer, den Bourgeois der wilhelminischen Kaiserzeit gegeißelt und bloßgestellt – gegen den Zeitgeist. Als der Erste Weltkrieg tobte, fielen die Brüder in ihren Schriften öffentlich übereinander her. Heinrichs viel gerühmter Essay ›Zola‹ war neben allem Sachinhalt ein unterschwelliger Angriff auf Thomas und seine politisch-literarische Weltanschauung; und die ›Gedanken im Kriege‹ von Thomas – wie dann auch seine ›Betrachtungen eines Unpolitischen‹ – verfolgten nicht zuletzt den Zweck, Heinrich und seine radikal-liberalen Ansichten zu treffen. Und das taten sie auch.

Sieben Jahre dauerte der »Bruderkrieg«, in dem die beiden einander konsequent mieden; nur zweimal sahen sie sich bei öffentlichen Anlässen, ohne jedoch miteinander zu reden. Erst im Januar 1922 versöhnten sie sich nach einer Operation Heinrichs an dessen Krankenbett – ungefähr in der Zeit, als Thomas seine politische Wandlung vollzog, die »entscheidende Wendung … zum Sprecher und Verteidiger der Weimarer Republik«, so Klaus W. Jonas: »Im Berliner Beethovensaal hält er zum 60. Geburtstag Gerhart Hauptmanns … seine berühmte Rede ›Von deutscher Republik‹, ein leidenschaftliches Bekenntnis zum Humanismus und zur Demokratie.«

Am 9. April 1919 kehrt Thomas Mann zur Romanarbeit zurück und wendet sich wieder dem »Zauberberg«-Manuskript zu – in einer Welt, die sich nach dem verlorenen Krieg gründlich verändert hat: Die 20er-Jahre werden vom Lebenshunger der Menschen und dem Ringen um neue kulturelle Leistungen beherrscht – und das vor dem Hintergrund von Armut und Unterernährung. In den Großstädten gibt es überall »Tanzdielen«, in denen vom Fünfuhrtee an leidenschaftlich Charleston, Shimmy, Black Bottom und andere Importe aus den USA getanzt werden. Im Hinterzimmer und auf Privatpartys wird Kokain geschnupft. Diejenigen, die sich das nicht leisten können, vergessen ihren Hunger im Kino, bei Stars wie Ramon Navarro, Greta Garbo, Charlie Chaplin. Helden und Idole der »Zwanziger« sind Gandhi, der gewaltlos für ein freies Indien kämpft, und der Urwalddoktor, Organist und Theologe Albert Schweitzer. 1923 bringt den Höhepunkt der galoppierenden Inflation, in der ein Dollar schließlich 4,2 Billionen Mark kostet, bis die Rentenmark den Spuk beendet. Da kommt ein neues Gespenst hinterher: die Weltwirtschaftskrise, die in Deutschland 6,1 Millionen Menschen zur Arbeitslosigkeit verdammt. Und die Damenmode? Der Rock rutscht übers Knie hinauf, die Taille am Kleid verschwindet, der Bubikopf, der Herrenschnitt, wird vom charakteristischen Topfhut verdeckt.

Wie lebten die Manns in diesen Jahren?

Wie lebten die Manns in diesen Jahren? Heinrich hatte sein unstetes Wanderleben aufgegeben und war mit Frau und Töchterchen in der Münchner Leopoldstraße daheim, bis 1928 seine Ehe zerbrach. Thomas residierte auf der anderen Seite der Isar in seiner feudalen Villa in der Poschingerstraße; sie war geräumig genug für die Familie – drei Mädchen und drei Jungen – samt Dienstpersonal. Eine Freitreppe zum Garten lag vor des Dichters Arbeitszimmer; hier schrieb der »Zauberer« vormittags seine Werke, manchmal zog er sich auch nach Feldafing am Starnberger See zurück. Das schöne Landhaus in Bad Tölz war schon im Krieg verkauft worden (was man bitter bereute); an der Ostsee wurde später ein neues Feriendomizil eingerichtet.

Da waren nun also zwölf Jahre vergangen von der ersten Idee damals in Davos, den ›Zauberberg‹ zu schreiben, bis zum 28. September 1924, an dem Thomas Mann sein »Finis Operis« auf die letzte Manuskriptseite setzen konnte. Als sein »Wilhelm Meisterchen« bezeichnete er scherzend in Anspielung auf Goethes ›Wilhelm Meister‹ das 1000-Seiten-Konvolut. Zweifellos wurde Manns Entwicklungsroman in der internationalen Welt der Literatur nicht weniger beachtet als der des Weimarer Klassikers: Hans Castorp, Manns Held, ein moderner Parzival, kommt aus dem Flachland zu »denen hier oben«, nämlich ins Hochgebirge nach Davos, um seinem kranken Vetter Joachim Ziemßen im Lungensanatorium drei Urlaubswochen lang Gesellschaft zu leisten. Hans lernt unter den Patienten die skurrilsten Typen kennen und beschließt – von den Ärzten als leichter Fall von Tbc eingestuft –, sich in der Heilstätte auszukurieren. Die kirgisenäugige Madame Chauchat wird seine große Liebe – auf Distanz, bis zum Fasching; doch nach der einzigen gemeinsamen Nacht reist sie ab, den armen Castorp zurücklassend, der auf ihre Wiederkehr hofft und wartet.

Immer wieder geht es in diesem Buch um Bildungsinhalte, mit denen der Autor souverän zu spielen versteht. Schopenhauer, Nietzsche und Novalis haben dabei Pate gestanden (wie Klaus Schröter in einer Thomas-Mann-Biografie darlegt). Gegensätzliche und bisweilen komisch versponnene Weltanschauungen werden wortgewaltig vom Freimaurer Settembrini und dem Jesuiten Naphta vertreten. Der simple Hans Castorp hört diesen »feindlich Verbundenen« mit allmählich dämmerndem Verständnis zu und lauscht gebannt ihren geistreichen Wortduellen, mit denen sie durch die Kulturen der Menschheit hasten. In den letzten zwei Kapiteln drängt sich Trauriges zusammen: Castorps Vetter, der Offiziersanwärter Joachim, kehrt ungeduldig, ohne geheilt zu sein, ins Flachland zurück, geht zum Militär – und kommt bald darauf sterbend wieder. Peeperkorn, der holländische Begleiter der wieder auftauchenden Clawdia Chauchat, eine pralle Persönlichkeit, wählt auf exotische Weise den Freitod. Sterben lässt der Autor auch Naphta: Seine Diskussionen mit Settembrini spitzen sich zu einem Pistolenduell zu, und statt den Gegner zu töten, gibt sich Naphta dabei selbst die Kugel.

Sieben Jahre ist Hans Castorp auf seinem Zauberberg geblieben. Da bricht der Erste Weltkrieg aus, und der Adept, durch Wortgefechte und mancherlei Erlebnisse erzogen und zivilisiert, ist zur Heimkehr, zur Rückkehr in die Wirklichkeit gezwungen. Er eilt zu den Fahnen – »und so«, entlässt der Autor uns und seinen Helden, »im Getümmel, in dem Regen, der Dämmerung kommt er uns aus den Augen«.

Wenig schmeichelhaft stellt Thomas Mann den Hofrat Behrens dar,

Castorps Sanatoriumsarzt im ›Zauberberg‹: Stiernackig sei er gewesen, mit vorquellenden, blutunterlaufenen Augen, blauen Backen, Stumpfnase und riesigen Händen und Füßen; und redete daher wie die Karikatur eines forschen Korpsstudenten. Das Vorbild für den Roman-Doktor gab Frau Katjas behandelnder Mediziner ab. Er solle den Autor verklagen, habe man dem Davoser Doktor nahe gelegt, wie Günther Schwarberg in seinem faktenreichen Werk »Es war einmal ein Zauberberg« berichtet. Es fragt sich allerdings, ob die Schweizer Kampfhähne nicht vielmehr das Image ihres Kurorts vor Gericht aufpolieren wollten; hatte Mann in seinem Roman doch über Geldgier und Patientenfang der damaligen Davoser Tbc-Ärzte gespottet.

Aus dem Prozess wurde nichts: »Hofrat Behrens« verzichtete darauf, den Kadi zu bemühen. Aber die Verspottung eines anderen großen Herrn sollte Thomas Mann viel Ärger bereiten. Grund war seine alte Sünde: Gerade »der ›Zauberberg‹ wimmelt von Menschen, die er leibhaftig sah und die man wiederzuerkennen vermag« (Peter de Mendelssohn). Und ein Sündenfall aus diesem Buch hat (Literatur-)Geschichte gemacht – den Dichter muss der Teufel geritten haben, dass er diesen Skandal riskierte. Sein prominentes Opfer war kein Geringerer als Gerhart Hauptmann, der gefeierte Meister des naturalistischen Theaters, berühmt durch Dramen wie ›Die Weber‹, ›Fuhrmann Henschel‹, ›Rose Bernd‹, ›Die Ratten‹ und ungezählte andere. Er und Thomas Mann galten zu jener Zeit als Deutschlands führende Dichter. Kein Wunder, dass sich gelindes Entsetzen ausbreitete, als den Literaturkundigen – und Hauptmann selbst! – nach Erscheinen des Romans dämmerte: In der Figur des pompösen Plappermauls Peeperkorn steckt ja Gerhart Hauptmann! Die Ähnlichkeit war leider nicht zu übersehen.

Aber die Verspottung eines anderen großen Herrn sollte Thomas Mann viel Ärger bereiten.

Die beiden Autoren waren gut miteinander bekannt. Und als sie im Herbst 1923 gemeinsam mit ihren Ehefrauen in Gries bei Bozen Urlaub machten, kam Mann die verhängnisvolle Idee: Er ließ Hauptmann im letzten ›Zauberberg‹-Kapitel auftreten – eben als Peeperkorn. Und beschreibt ihn eingehend bis genüsslich: als verwischte Persönlichkeit, als undeutlichen Mann von Format, »robust und spärlich«; mit großem, von weißem Haar umflammtem Haupt und dem »monumentalen Faltenwerk seiner Stirne«. Meistens folgt einem positiven Merkmal alsbald ein Haken, der Gefälliges in Zweideutiges ummünzt. Und umwerfend komisch klingt Peeperkorns unzulängliche, abgehackte Art zu reden, wirken seine nicht zu Ende gebrachten, nur scheinbar bedeutsamen Sätze. Das Schlimmste an der leidigen Angelegenheit muss freilich gewesen sein, dass der Autor seine Romanfigur Settembrini über Peeperkorn (den verkappten Gerhart Hauptmann) ausrufen lässt: »Aber das ist ja ein dummer alter Mann!« Zwar sucht Castorp dieses vernichtende Urteil wortreich und über lange Absätze hin abzumildern – doch gesagt ist gesagt.

Thomas Mann hat sich mit einem Brief entschuldigt: »Lieber, großer, verehrter Gerhart Hauptmann«, schrieb er dem Meister am 11. April 1925 – und neben vielem anderem: »Ich habe ja ein schlechtes Gewissen, weiß, dass ich gesündigt habe …« Er spricht von einem »Zustand herabgesetzter menschlicher Zurechnungsfähigkeit« und schmeichelt dem verärgerten Dramatiker – was nun auch wieder rührend ist, schreibt diesen Brief doch einer der größten deutschen Roman-Schriftsteller des Jahrhunderts. Es heißt, Hauptmann habe ihm verziehen, ja, er habe – selbst Nobelpreisträger – generös seinen Einfluss spielen lassen, dass Thomas Mann 1929 mit dem Literatur-Nobelpreis ausgezeichnet wurde (er bekam ihn allerdings nicht für den ›Zauberberg‹, sondern für die ›Buddenbrooks‹ von 1901). Es heißt aber auch, Hauptmann habe Mann wegen des Peeperkorn-Konterfeis ein Leben lang gegrollt.

Nein, er hat es nicht lassen können. Noch in seinem grandiosen Alterswerk, dem ›Doktor Faustus‹, malte der 70-jährige Thomas Mann unverdrossen (und vielleicht mit einem Schmunzeln?) Freund und Feind ab und handelte sich so Entrüstung ein. Zum Beispiel die der Schriftstellerin Annette Kolb, einer guten Freundin der Manns. Der Dichter lässt sie im Roman als Jeannette Scheurl auftreten und beschreibt sie (nicht ganz unzutreffend) als eine Frau »mit elegantem Schafsgesicht«. Annette Kolb hat nie wieder ein Wort mit Mann geredet. Aber all diese Querelen sind heute ausgestanden. Geblieben ist ein ganz großer Roman, der in einer Reihe steht mit den Werken der Weltliteratur von Tolstoi und Dostojewskij, Zola und Proust, Fontane und Hesse. Auch Thomas Manns ›Zauberberg‹, 1924 erschienen, gehört zu den Büchern, die die Zeiten überdauern.

Des »Führers« treue Mädchenschar

Jugend und Verführung im Dritten Reich

Von Anna Maria Sigmund

Das Ziel hat die kommende Mutter zu sein«, lautete Hitlers einfache Formel, nach der sich die Erziehung der deutschen weiblichen Jugend zu richten hatte. Dementsprechend ließ das Programm des »Bundes Deutscher Mädel« (BDM), der NS-Freizeitorganisation für 10- bis 18-jährige Mädchen, auch nichts an Deutlichkeit zu wünschen übrig. Es hieß da: »Unser Ziel ist der ganze Mensch, das Mädel, das gesund und klar seine Fähigkeiten einsetzen kann für Volk und Staat. Deshalb liegt uns nichts an der Anhäufung irgendwelcher Wissenschaften, trockener Zahlen und Begriffe, deren Sinn wir nicht verstehen, sondern alles an der Heranbildung der Gemeinschaft und der Mädelhaltung. Im BDM wird eine klare und sichere Aufbauarbeit geleistet, mit dem Endziel, unserem Land eine Mädelgeneration zu geben, die zur wirklichen Trägerin nationalsozialistischer Weltanschauung geformt worden ist, die fähig ist, den nationalsozialistischen Gedanken auch in spätere Geschlechter weiterzutragen.«

Das raffinierte Vorgehen bei der Umsetzung der NS-Erziehungsideale für die weibliche Jugend bewirkte Folgendes: Viele, die der intensiven BDM-Propaganda »Ohne dich, Mädel, geht es nicht! Auch du gehörst dem Führer!« Folge leisteten, merkten nichts oder nur wenig von der frauenfeindlichen NS-Ideologie, die dahinter steckte. Daher waren die Gründe für einen Beitritt zu dieser Jugendorganisation, die weit mehr als harmlose Freizeitbeschäftigung im Sinn hatte, zwar individueller, aber kaum politischer Natur. So ging eine 11-jährige Schülerin zum BDM, weil eine andere Jugendgruppe, »in der man schöne blaue Kleidung trug«, überfüllt war und man sie tröstend an den BDM verwies, wo ebenfalls »schöne Kleidung« vorgeschrieben war. »Ich wurde begeisterte Gruppenteilnehmerin«, berichtete das Mädchen nach dem Ende des Dritten Reichs, »war regelmäßig beim Dienst und nahm an allen Ausflügen teil. Irgendwann habe ich eine Aufnahmeerklärung unterschrieben. Ich hatte zum ersten Mal in meinem Leben ein Zugehörigkeitsgefühl zu einer Gruppe.« Schwärmerisch bezeichnete sie diese Epoche als die schönste ihres Lebens.

Ihre Meinung war kein Einzelfall. Die meisten der ehemaligen BDM-Mitglieder hatten als junge Mädchen zwar Hitler verehrt, sich im Übrigen aber kaum für Politik interessiert. Den Bund wählten sie, weil er Abwechslung, Geselligkeit und Freiheit außerhalb des Elternhauses anbot. Sie schätzten die vielfältigen Unterhaltungsmöglichkeiten, die Feste und Feiern, die sportlichen Wettbewerbe und Wanderungen sowie die Romantik der Zeltlager. Viele gaben an, dem BDM eine schöne Jugend zu verdanken. Manchen wurde die BDM-Gemeinschaft zum unvergesslichen Bestandteil ihres Lebens, einige beteuerten, nur mehr für den BDM gelebt zu haben.

Der »Bund Deutscher Mädel« wurde im Juli 1930, gegen Ende der so genannten »Kampfzeit der NS-Bewegung«, als Sammelbecken verschiedener Vorläuferorganisationen gegründet. Damals gingen im BDM der schon vor dem Hitlerputsch im Jahre 1923 existierende unbedeutende »Nationalsozialistische Mädchenbund« und der ebenso bedeutungslose »Völkische Mädchenbund« auf. Die später gern verdrängten Aktivitäten des BDM der »Kampfzeit« waren den turbulenten politischen Zeiten der ausgehenden Weimarer Republik angepasst. So verpflegten die Mädchen SA-Männer und HJ-Jungen auf Wahlveranstaltungen. Nach Prügeleien der SA mit den Kommunisten versorgten sie Verwundete und nähten Uniformen, Fahnen und Wimpel. Am 1. Juni 1932 wurde der BDM dann eine von vier Teilorganisationen im Rahmen der – damals verbotenen – Hitlerjugend, der die Aufgabe zukam, alle 10- bis 18-jährigen »arischen« Deutschen im Geiste des Nationalsozialismus zu erziehen.

„Viele gaben an, dem BDM eine schöne Jugend zu verdanken.“

Die Mädchen begannen ab dem zehnten Lebensjahr als »Jungmädel«, um dann mit 14 Jahren nahtlos in den eigentlichen »BDM« überzuwechseln. Dieser gliederte sich in die Bundesleitung, Gaue, Bezirke, Ortsgruppen und Scharen. An der Spitze stand eine dem Reichsjugendführer Baldur von Schirach untergeordnete Bundesführerin. Die unterste Einheit im BDM bildete die »Mädelschaft« mit zehn bis fünfzehn Mädchen, der die Mädelschaftsführerin vorstand.

Danach kam die »Mädelschar« mit fünfzig, die »Mädelgruppe« mit 150 und der »Mädelring« mit 600 Mädchen. Dies setzte sich fort bis zum »Gauverband«, dem Zusammenschluss aller 35 »Obergaue«, der 1942 in seiner Hochblüte 7,5 Millionen Mitglieder zählte.

Im Jahr 1933 fand in Weimar die Gauführerinnentagung statt, auf der die Bundesführerin bestätigt wurde. Der Reichsjugendführer Baldur von Schirach gab die vage und nichts sagende Devise aus: »Dem Bund Deutscher Mädel ist für die gesamte Bewegung die kulturelle Aufgabe gestellt!« Die Ideologie des Bundes mit dem Hauptziel, »die kommenden Frauen und Mütter« zu formen, stand in krassem Gegensatz zu zeitgenössischen sozialdemokratischen und kommunistischen Jugendgruppen, die die Trennung nach weiblichen und männlichen Mitgliedern ablehnten und für Emanzipation und Gleichberechtigung plädierten. Der BDM wiederum trat im Gefolge der NSDAP – wie ein Schulungstext für BDM-Führerinnen zeigt – scharf gegen alle emanzipatorischen und liberalen Tendenzen der Weimarer Republik auf: »Man lügt den Mädchen eine falsche Freiheit [vor], die im männlichen Beruf und in männlicher Betätigung die höchste Krönung sieht. Strickstrumpf und Kochtopf stellt man als Sinnbilder, die etwas Verächtliches und Minderwertiges enthalten, hin. Mütter- und Hausfrauenarbeit gelten als entwürdigend. Die Abneigung gegen die Ehe und vor allem gegen das Kind werden von der gleichen Einstellung begleitet. Es herrscht ein lächerlicher, weil unnatürlicher Konkurrenzkampf zwischen Mann und Frau um den Lebensberuf.« Trotz dieser konservativen Einstellung hatte der BDM großen Zulauf.

Gab es am Reichsparteitag der NSDAP in Nürnberg 1929 nur einige Hundert junge weibliche Teilnehmer, so trafen beim NS-Reichsjugendtag in Potsdam im Oktober 1932 bereits 15 000 Mädchen aus allen Teilen Deutschlands ein. Sie kamen per Bahn, Omnibus oder mit dem Rad. Angeleitet von ihren Führerinnen demonstrierten sie mehr oder weniger bewusst für eine NS-Volksgemeinschaft: gegen die marxistische Internationale – und gegen die Ausbeutung durch den Kapitalismus. Vor allem jedoch genossen sie die ungewohnte Freiheit und das Abenteuer des riesigen Zeltlagers. Als sich der BDM ebenso wie die männliche HJ zum Defilee vor dem verehrten »Führer« formierte, gab es Schwierigkeiten. »Männer und Jungens können an mir vorbeimarschieren, doch Mädel? Nein!«, meinte Adolf Hitler. Nachdem Sprechchöre der Enttäuschten mit »Wir wollen unseren Führer sehen« erklangen, ging Hitler dann doch selbst durch die Reihen der Mädchen. Den anschließenden – über siebenstündigen – Aufmarsch der Hitlerjungen durften die Mädchen nur als Zaungäste erleben.

Hitlers großer abendlicher Rede lauschten sie trotzdem hingerissen: »Ihr seid das kommende Volk, und auf euch ruht die Vollendung dessen, um was wir heute kämpfen. Gegenwärtig mag es viele Deutsche geben, die den Wert der Ideale verleugnen. Der Nationalsozialismus aber erzieht euch Jungen zu gläubigen Idealisten, denn nur große Ideen können das deutsche Volk wieder zu einer Einheit schmieden.« Das durch Fanfaren und Musikkapellen perfekt inszenierte Spektakel endete mit einem Feuerwerk und dem gemeinsam gesungenen Lied ›Ade, nun zur guten Nacht‹. Bei vielen Teilnehmerinnen hinterließ es tiefe und prägende Eindrücke. Daneben verblasste die Tatsache, dass das einmal ausgesprochene Verbot des Aufmarsches vor dem »Führer« auch im Dritten Reich bestehen blieb und selbstverständlich auch für alle Reichsparteitage galt. Der BDM verlor dadurch nicht an Attraktivität. Unterstützt durch einen raffinierten Werbefeldzug schwoll die Bewegung innerhalb eines Jahres – 1932 bis 1933 – von 25 000 auf 600 000 Mitglieder an. Eines der vielen Flugblätter lautete: »Deutsches Mädel! Besinne dich auf dich selbst! Bist du zufrieden mit deinem jetzigen Leben, mit deinem Kampf und deinem Schicksal? (…) Du musst mithelfen am Bau des Dritten Reiches! Tritt ein in den Bund Deutscher Mädel!«

„Die Bewegung schwoll von 25 000 auf 600 000 Mitglieder an.“

Nach der Machtergreifung der NSDAP gab eine Broschüre für BDM-Führerinnen einen Rückblick auf die »Zustände« der Weimarer Republik: »Das deutsche Mädchen der Aufstiegszeit [des Nationalsozialismus] musste sich gegenüber dem Mädchen des Liberalismus durchsetzen. Der radikal demokratische Grundsatz von der Gleichheit alles dessen, was Menschenantlitz trägt, hatte den Mädchentypus von gestern geformt, der durch Gebaren, Haltung und äußere Gestaltung sich dem Männlichen nähern sollte.« Tatsächlich kämpfte die NS-Ideologie erbittert gegen den herrschenden Trend der Zeit, der darauf abzielte, Frauen alle Berufe zu erschließen und ihnen Zugang zur Politik zu gewähren. Doch erst nach der Regierungsbeteiligung der NSDAP im Jahre 1933 konnte man ungehindert an die hundertprozentige Erfassung und Erziehung der deutschen weiblichen Jugend im Sinne des schon längst formulierten NS-Frauenideals gehen.

Die Zurückdrängung und Entmachtung der weiblichen Bevölkerung und die Einführung anachronistischer Ideale versetzte die NSDAP allerdings in ein Dilemma. Hatte doch die Zeitschrift ›Der Nationalsozialist‹ noch 1932 unter der Überschrift »Das deutsche Mädel« den BDM aufgefordert, eine »einsatzfähige Hilfsorganisation für den politischen Kampf« zu stellen. Man hatte sich auch ungeniert vieler Frauen bedient, die mit fanatischem Einsatz am Aufbau der Partei arbeiteten und ein großes Wählerpotenzial darstellten. Diesen wurde dann nach 1933 schonend beigebracht, dass sie selbst in der Politik unerwünscht waren, während ihre Töchter unter dem Motto »Auch du gehörst dem Führer« systematisch und kollektiv für ein Dasein als kinderreiches »Heimchen am Herd« geschult wurden. Das Bewusstsein der heiklen Situation spiegelt eine Anleitung für BDM-Führerinnen wider, in der es über die »Kampfzeit der Mädchen« heißt: »Es soll nie und nimmer über die vielen nationalsozialistischen Mädchen schlecht geredet werden, die in den Tagen hochpolitischer Machtkämpfe mitfieberten, miteiferten, miterlebten (…) wir dürfen über sie nicht spotten, genauso wenig wie über die einzelnen Frauen, die es immer wieder in Kriegen gibt, die mit den Männern in den Kampf ziehen (…) und doch können wir uns nicht vorstellen, dass die letzte Folgerung der Politik auch eine unmittelbare Sache der Frauen und Mädchen sei.«

Der Alltag des BDM bestand im Wesentlichen aus den von den Jugendführerinnen nach gewissenhafter Planung interessant und abwechslungsreich gestalteten wöchentlichen Treffen jeden Mittwoch. »An den Beginn des Heimnachmittags stellen wir Lied und Spruch (…) dann können wir entweder eine Erzählung vorlesen oder selbst erzählen. Durch eigenes Mitgestalten beteiligen wir die Jungmädel (…) jede kann erzählen. Dadurch regen wir ihr Interesse an (…) wir schaffen eine Einheit zwischen unserer Schulung im Heimnachmittag und ihrem täglichen Leben«, heißt es in den Ausbildungsvorschriften. Jede Heimstunde hatte ein Thema. Eines, das größten Anklang fand, war: »Das Leben des Führers«. Presse, Rundfunk und Film wurden zur Schulung und subtilen Manipulation der Mädchen eingesetzt. Unterstützend dazu erschien die Zeitschrift ›Das deutsche Mädel‹ in einer monatlichen Auflage von 215 000 Exemplaren. Die Indoktrinierung umfasste auch Fragebögen, in denen man von den Mädchen wissen wollte, wer denn »größer, stärker und mächtiger« sei: Gott oder der »Führer«?

Wirksamstes Medium war das Radio, das den Mädchen das neue Bild der deutschen Frau vermittelte. Dazu kamen die »Jugendfilmstunden«, die an das Gemüt der Zuschauerinnen appellierten, Unterhaltung boten und ihnen suggerierten, dass Mann und Frau vollkommen verschiedene Aufgaben im Leben zu erfüllen hätten. Gleichberechtigung war kein Thema, obwohl manche Mädchen neidisch von den Sonderformationen von Marine-, Flieger-, Reiter- oder Motor-HJ der männlichen Kollegen schwärmten, von denen sie selbst ausgeschlossen blieben. Ein Hauptaugenmerk der richtigen »Mädelhaltung« – so der NS-Fachausdruck – galt der »kulturellen« Erziehung mittels Volkstanz, Lied und Naturkunde, da die Frau Hüterin und Bewahrerin der NS-Kultur sein sollte. Vor allem weckte man in den Mädchen das Gefühl für künftiges »Mutterglück«. Dies geschah so intensiv, dass die Bundesführerin warnend eingriff: »Es ist falsch, die Mädel ständig und dauernd zum Muttertum zu erziehen (...) sie [die Mädchen] werden sich dann mit Händen und Füßen dagegen wehren, in eine Lebenshaltung eingespannt zu werden, die erst in fünf oder zehn Jahren für sie verbindlich wird.«

Intellektuelle und Einzelgängerinnen hatten im BDM ein schweres Leben. Galt doch der absolute Vorrang des »Wir« vor dem »Ich«, von dem man Einsatz für die »Volksgemeinschaft« erwartete. Zu diesem Zweck wurden das »Hauswirtschaftliche Jahr für Mädchen«, das »Landjahr« sowie der »Ernte- und Landhilfedienst« geschaffen. Man forderte Zucht und Gehorsam und bot dafür die Sicherheit, den Halt und das verbindende Gefühl der Gruppe unter der Obhut der Führerin. Diese lenkte und organisierte. Sie nahm den Mädchen alles ab – auch das unerwünschte selbstständige Denken. Neben der Erziehung zur Gemeinschaft war die »sportliche Ertüchtigung« vorrangig. Sie sollte Körper, Geist und Charakter in harmonische Beziehungen setzen und dem BDM einen modernen Anstrich geben. Sie bot auch Gelegenheit zum Austoben des jugendlichen Übermuts und lenkte eventuelle rebellische Neigungen in harmlose Bahnen. So marschierte

„Vor allem jedoch weckte man in den Mädchen das Gefühl für künftiges »Mutterglück«.“

man zum BDM-Bundeslied, erwarb Leistungsabzeichen am »Staatsjugendtag«, ging wie die Jungen auf Fahrt (aber nie mit ihnen), lebte in Lagern, schlief in Zelten und hielt am Feuer Wache.

Wie in der gesamten HJ, so herrschte auch im BDM militärische Zucht und Ordnung, wobei man schon der äußeren Erscheinungsform großes Gewicht beimaß. Die Vorschriften über Fahnen und Wimpel sowie über die Dienstkleidung, ihr Aussehen und ihre Trageweise wurden pedantisch streng beachtet. Abzeichen gab es in großer Zahl: zur Kennzeichnung der Einheit sowie zur Herausstellung bestimmter Leistungen oder Funktionen. Bezüglich einer landesweiten BDM-Tracht einigte man sich nach langen Debatten auf die Uniform des Gaues Berlin-Brandenburg. Sie bestand aus weißer Bluse und blauem Rock. Ein schwarzes Halstuch mit Lederknoten ergänzte die strenge Kleidung.

Schon 1931 versuchte die Reichsleitung, lange braune, überaus hässliche BDM-Kleider einzuführen. Die allgemeine Ablehnung führte dazu, dass die braune, pseudogermanische Gewandung nur von Fanatikerinnen, und auch dann nur bei vereinzelten Gelegenheiten, angelegt wurde. Eine davon war der Reichsjugendtag in Potsdam, eine andere die nächtliche Überführung der gefallenen NS-Putschisten im November 1933 in die Heldentempel am Königsplatz in München. Die braune Kletterweste hingegen trugen die BDM-Mädchen gern. Einwände gegen das Uniforme der »Mädeldienstkleidung« wurden mit dem Hinweis abgelehnt, dass die Dienstkleidung der gemeinsamen Haltung Ausdruck verleihen sollte. Die »Mädel sind nicht militärisch uniformiert, sondern einheitlich sportlich gekleidet«, hieß es. Die Genehmigung individueller Abendkleider für festliche Veranstaltungen galt als große Konzession.

Trotz aller Anstrengungen zur Imitation der männlichen HJ blieben Einfluss und Stellung des BDM im Rahmen der Hitlerjugend höchst bescheiden. Er war ein Anhängsel der HJ, und die wichtigsten Entscheidungen wurden von »oben«, das heißt von Männern, bestimmt. So fiel die Ernennung einfacher Führerinnen in die – stark eingeschränkte – Kompetenz der Bundesführerin, während Gauführerinnen nur im Einverständnis mit dem Reichsjugendführer von Schirach eingesetzt werden konnten.

Eine als Selbstverständlichkeit hingenommene Diskriminierung war die Überwachung des BDM durch den 1934 eingerichteten HJ-Streifendienst (SRD), der ausschließlich von männlichen Mitgliedern der HJ gestellt wurde – Mädchen galten als ungeeignet für polizeiliche und sicherheitsdienstliche Aufgaben. Die Macht des SRD beruhte auf dem »Gesetze für interdisziplinäre Machtbefugnisse«. Seine durch schwarze Armbinden ausgewiesenen Mitglieder – viele von ihnen traten später in die SS ein – übten Polizeiaufgaben aus. Sie überwachten das öffentliche Auftreten des BDM, ahndeten disziplinäre Verstöße, besorgten Ordner- und Wachdienste, erstatteten Meldung bei Dienstvergehen, bekämpften oppositionelle, kritische und »aufsässige« Handlungen. Sie spürten auch jugendliche »Volksschädlinge« auf, denen die Einweisung in das Jugend-KZ Moringen drohte, obwohl wiederholte offizielle Erlässe scheinheilig betonten, dass »der Überwachungsdienst niemals den Charakter einer üblen Schnüffelei annehmen darf«. Auch die Finanzverwaltung des BDM traute man der weiblichen Jugend nicht zu. Sie lag in den Händen von männlichen Kassenwarten und Revisoren aus dem HJ-Bann, die dem Reichsschatzmeister der NSDAP unterstellt waren.

Am 1. Dezember 1936 wurde das Gesetz über die Hitlerjugend erlassen, in dem es heißt: »Von der Jugend hängt die Zukunft des deutschen Volkes ab. § 1: Die gesamte deutsche Jugend ist in der Hitlerjugend zusammengefasst. § 2: Die gesamte deutsche Jugend ist außer in Elternhaus und Schule in der Hitlerjugend körperlich, geistig und sittlich im Geiste des Nationalsozialismus zu erziehen.« Die HJ wurde zur Staatsjugend erklärt, während man alle anderen Jugendverbände verbot, um sie dann sukzessive aufzulösen. Die Aufnahme in den BDM war 1936 trotz allem nicht verpflichtend, obwohl viele Lehrer ihren Schülerinnen zu einer Mitgliedschaft im BDM rieten, dadurch Zwang ausübten und abseits Stehende als asoziale Elemente brandmarkten.

Zu diesem Zeitpunkt war die Aufbauarbeit innerhalb der HJ schon längst abgeschlossen. Dem Personalamt der Reichsjugendführung stand ein riesiger, perfekt funktionierender Verwaltungsapparat zur Verfügung. 190 000 sorgfältig ausgewählte und in Lehrgängen an der Akademie für Jugendführung bestens geschulte Führungskräfte widmeten sich, nachdem sie ihren Eid auf das Hitlerbuch »Mein Kampf« abgelegt hatten, mit Feuereifer ihrer erzieherischen Aufgabe. Führer und Führerinnen benötigten einen »Ariernachweis«. Dass sie, sofern sie 18 Jahre alt waren, der NSDAP beitraten, galt als selbstverständlich. Die 1939 eingeführte Jugenddienstpflicht erklärte den Dienst in der Hitlerjugend zum »Ehrendienst am Deutschen Volk«.

Die BDM-Mitgliedschaft wurde Pflicht, ebenso wie der Besuch von BDM-Veranstaltungen. Alle Jugendlichen vom 10. bis zum 18. Lebensjahr mussten nun in der HJ Dienst tun.

Mit dem Ausbruch des Zweiten Weltkriegs im September 1939 begann für den BDM wie für die gesamte HJ eine Phase großer Veränderungen. Im geheimen Erlass des Reichsjugendführers (1. September 1939) heißt es: »Da die Schulen bis auf Widerruf geschlossen sind, ist die Führung der HJ für die Jugend verantwortlich. Es ist selbstverständlich, dass alle Mädel und Jungmädel für den praktischen Dienst eingesetzt werden (...) Der Heimabend dient hauptsächlich der Aufklärung und Propaganda.« In den ersten Kriegsmonaten stellte der BDM seine Arbeit auf die neue Situation ein. 1940 wurde zum »Jahr der Bewährung« erklärt und Mädchen zu Sondereinsätzen herangezogen. Dazu gehörten Sammeldienste aller Art, Land- und Ernteeinsätze sowie soziale Hilfsdienste. Im »Kriegsbetreuungsdienst« wurden Feldpostpäckchen verschickt und Lazarette besucht. »Im Ernst der Stunde« würde man an sie appellieren, hieß es offiziell. Dann hätte die weibliche Jugend überall dorthin zu eilen, wo sie »wehrfähige Männer« ersetzen könnte. Bis dahin sollte sie sich in der Pflege von Verwundeten und Kranken bewähren. Diese Einstellung entsprach zwar ganz dem NS-Frauenbild, bewirkte aber, dass der »Kriegseinsatz« des BDM lange Zeit nur in Krankenhäusern und beim Roten Kreuz stattfand, während die Alliierten von Anfang an Frauen und junge Mädchen in der Rüstungsindustrie einsetzten.

„Die BDM-Mitgliedschaft wurde Pflicht."

Im Verlauf des Krieges verlor die absurde, irrationale Gedankenwelt des NS-Regimes zunehmend an Überzeugungskraft, und die von BDM-Führerinnen wortreich verkündeten Ideale fielen der Realität zum Opfer. Es gab keine Männer- und Frauenfrage mehr, auch keine »Rückkehr zur Scholle«. Der BDM half bei Flüchtlingstransporten und räumte Schutt in den nach Bombenangriffen zerstörten Städten fort. Einer der letzten Einsätze erfolgte beim »Marsch aus Breslau«, als Hunderttausende vor der Roten Armee in den Westen flohen. Zum Sanitätsdienst an die Strecke des Trauermarsches abkommandierte BDM-Mädchen hatten die schreckliche Aufgabe, »die Puppen« am Wegrand zu entfernen – die von ihren Müttern zurückgelassenen, steif gefrorenen Säuglinge.

Wohlstand, Einigkeit und Freiheit?

Deutschland in den 60er-Jahren

Von Monika Weiner

Im Frühjahr kam der Scherenschleifer, im Herbst der Apfelverkäufer vom Bodensee. Zu Weihnachten bestellte meine Mutter per Postkarte Lebkuchen aus Nürnberg. Beim Bäcker kosteten vier Brausestangen zehn Pfennig, im Tante-Emma-Laden bekam man die Gummibärchen noch einzeln. Kindheitserinnerungen: Die Nachbarin trug immer eine Schürze und ein Kopftuch über den Lockenwicklern. Ihr Mann benutzte beim Fahrradfahren nur das rechte Pedal, das linke Bein streckte er zur Seite – es war seit Stalingrad steif. Der Sohn einer entfernten Tante konnte sich nur auf Krücken vorwärtsschleppen, er hatte Kinderlähmung. Auf der Straße sah ich oft Conterganklnder mit verstümmelten Gliedmaßen. Ich war ein Jahr alt, als die goldenen Sechziger begannen. Doch waren sie golden? Aus heutiger Sicht vielleicht. Man erinnert sich gern an ein blühendes Deutschland, das Wirtschaftswunder, die Anfänge der Beatles und der Rolling Stones. Tatsächlich war die Stimmung – zumindest zu Beginn der Sechzigerjahre – eher gedämpft.

Sicher, man konnte stolz sein auf Deutschland. Vor allem die Westdeutschen sonnten sich in ihrem Erfolg. 1960 errangen die Sportler aus der jungen Bundesrepublik bei den Olympischen Sommerspielen in Rom 12 Gold-, 19 Silber- und 11 Bronzemedaillen. Es wurde in die Hände gespuckt, das Bruttosozialprodukt wuchs, jeder hatte Arbeit und genug zu essen. Die Durchschnittsfamilie konnte sich einen Kühlschrank und eine Waschmaschine leisten, manche sogar einen Fernseher. Wir hatten keinen, meine Eltern blieben bis zur Mondlandung der Überzeugung, dass die Glotze nur dumm mache. Als Neil Armstrong im Juli 1969 seinen Fuß auf den Erdtrabanten setzte, waren dann aber auch sie live mit dabei. 1963 fuhren wir zum ersten Mal in Urlaub. Der NSU-Prinz holperte über löchrige Straßen, Papa lag regelmäßig unter dem Auto, um irgendetwas zu reparieren, Mama machte derweil auf dem Gaskocher Ravioli heiß. Übernachtet wurde im Zelt, einer dünnen Leinenkonstruktion, durch die der Regen tropfte. Bei Gewitter setzte meine Mutter die Badehaube auf, um die Frisur zu schonen. Auch die Nachbarn verbrachten die Ferien im Ausland: Mit dem neuen, auf Raten gekauften Auto fuhr man nach Rimini und Riccione.

Trotz des neuen Wohlstands herrschte zunächst keine Aufbruchsstimmung. Eine bleierne Stille lag über dem Land. Man wagte nicht, an die Vergangenheit zu denken. Die Erinnerungen an Hitlers Tausendjähriges Reich war in den Köpfen zwar noch lebendig, doch sie wurden totgeschwiegen und mit Spitzendeckchen verhüllt. Nierentische, Tischläufer und Kristallvasen waren die Requisiten, mit denen man eine heile Welt inszenierte. Aus heutiger Sicht war das Leben – zumindest abseits der Metropolen – ungeheuer spießig: Meine Mutter brachte mir das Knicksen bei und ermahnte mich ständig, immer schön »Bitte« und »Danke« zu sagen – ich sollte schließlich ein wohlerzogenes Kind werden. Über alles, was von der treudeutschen Norm abwich, wurde nur hinter vorgehaltener Hand getuschelt: Die Nachbarin kriegt ein lediges Kind! In der neuen ›Quick‹ ist wieder ein Sexartikel von Oswalt Kolle! In Bergmans neuem Film ›Das Schweigen‹ sieht man einen Geschlechtsakt! Die Schwägerin nimmt jetzt die Antibabypille!

Auch die Zukunft machte Angst. Mehr als einmal schien ein dritter Weltkrieg unausweichlich. Die Welt zerfiel in Ost und West, an der deutsch-deutschen Grenze standen sich die Supermächte säbelrasselnd gegenüber. Sie verfügten bereits 1960 über ein atomares Waffenarsenal mit der Sprengkraft von drei bis vier Tonnen TNT pro Kopf der Erdbevölkerung. Im Fall eines Krieges drohte dieser »Overkill« die ganze Menschheit auszulöschen. Vor allem für die Deutschen waren die Aussichten düster: Eine bewaffnete Auseinandersetzung der Blöcke würde ihr Land in ein atomares Schlachtfeld verwandeln. In dieser verzweifelten Situation schien nur Amerika die Freiheit Westdeutschlands garantieren zu können. Das Symbol der Freiheit war schon seit der Blockade 1948 die Stadt Westberlin, eine Insel im Territorium der feindlichen DDR,

»Über alles, was von der treudeutschen Norm abwich, wurde nur hinter vorgehaltener Hand getuschelt.«

die damals im Westen noch Sowjetzone oder – in Gänsefüßchen eingeschlossen – »DDR« genannt wurde. Im Frühjahr 1961 reiste Willy Brandt, damals Regierender Bürgermeister Berlins, nach Washington, um sich von dem neuen US-Präsidenten Kennedy die Erneuerung der »Berlin-Garantie« zu holen. Im Klartext hieß das: Wenn nötig, würde Amerika die Stadt mit Waffengewalt verteidigen.

Ein Krieg auf deutschem Boden rückte bereits wenige Monate später in den Bereich des Möglichen: Seit der Gründung der DDR im Jahr 1949 hatten zweieinhalb Millionen Menschen die Ostzone verlassen. Allein am 9. August 1961 registrierten die Westberliner Behörden fast zweitausend Flüchtlinge. Die Außenminister der westlichen Welt wussten, dass der DDR-Staatschef Walter Ulbricht diesem Exodus nicht tatenlos zusehen würde. Sie diskutierten fieberhaft über eine gemeinsame Strategie: Man musste mit Chruschtschow über die Zukunft der in vier Sektoren geteilten Stadt Berlin verhandeln, Deutschland brauchte einen Friedensvertrag! Doch lange bevor Ost und West bereit waren, sich an den Verhandlungstisch zu setzen, stellte Ulbricht die Welt vor vollendete Tatsachen. Während Bundeskanzler Adenauer in seinem italienischen Urlaubsort Cadenabbia mit dem US-Außenminister Dean Rusk diskutierte, erteilte die Volkskammer der DDR-Regierung eine Blanko-Vollmacht für Maßnahmen zum Schutz der Deutschen Demokratischen Republik.

„Ein Krieg auf deutschem Boden rückte in den Bereich des Möglichen.“

In der Nacht zum 13. August 1961 ließ Walter Ulbricht Ostberlin abriegeln – angeblich, um die Aggression des Westens zu stoppen. Volksarmee und Volkspolizei besetzten den sowjetischen Sektor und errichteten Straßensperren. Der Berufs- und Reiseverkehr zwischen dem Ost- und dem Westteil der Stadt kam zum Stillstand. Zwei Tage später verstärkten die Soldaten die Absperrungen durch Betonteile und Stacheldraht. Der Mauerbau hatte begonnen. Die Westmächte schickten eine Protestnote an Chruschtschow, in der sie die Verletzung des Berliner Viermächtestatus kritisierten. Moskau wies das Schreiben zurück. England und Frankreich kündigten daraufhin die Verstärkung ihrer Truppen in der Bundesrepublik an, US-Präsident John F. Kennedy schickte seinen Vizepräsidenten Lyndon B. Johnson mit Kampftruppen nach Berlin. Eine Woche später, am 22. August, besuchte Bundeskanzler Adenauer die geteilte Stadt, um sich ein Bild von der Lage zu machen. Am nächsten Tag schlossen die Ostberliner Behörden fünf der zwölf Sektoren-Übergänge. Gebührenpflichtige Aufenthaltsgenehmigungen wurden für jene Westberliner eingeführt, die ihre Verwandten und Freunde im Osten der Stadt besuchen wollten.

Das Leben ging weiter. Nur wenige Wochen nach dem Mauerbau wurden in Westberlin die Funk- und die Industrieausstellung eröffnet. Bei der Bundestagswahl im September verlor Konrad Adenauer seine absolute Mehrheit. Um eine neue Regierung bilden zu können, brauchte die CDU/CSU einen Koalitionspartner: die FDP. Bundeskanzler wurde wieder Adenauer. Die Deutschen standen hinter ihm: Konrad Adenauer symbolisierte Stabilität und Sicherheit an der Seite Amerikas. Langsam beruhigten sich die Gemüter, man lernte, mit der Mauer zu leben. Doch die Zukunft blieb ungewiss. Die Abrüstungskonferenz in Genf, an der im März 1962 Vertreter des Ostblocks und der NATO teilnahmen, brachte keine konkreten Ergebnisse. Die Welt musste noch einmal an den Rand eines Atomkriegs driften, bevor die Supermächte bereit waren, miteinander zu reden.

> **»Die Kubakrise war der Höhepunkt des Kalten Krieges.«**

Die Kubakrise war der Höhepunkt des Kalten Krieges. Chruschtschow unterstützte seinen Verbündeten Fidel Castro im Kampf gegen die kapitalistischen Aggressoren – sprich die USA. Die Amerikaner errichteten im Oktober 1962 einen Blockadering um das kommunistische Kuba. In Deutschland drängten sich die Familien um die Radio- und Fernsehapparate. Jeder wusste: Ein Krieg der Supermächte bliebe nicht auf die Karibik begrenzt. Würde russisches Blut auf Kuba vergossen, dann würde amerikanisches Blut in Deutschland – in Berlin – fließen. Ein dritter Weltkrieg stand kurz bevor. Wer Geld und Platz im Keller hatte, baute sich einen Privatbunker. Weniger Betuchte beteiligten sich an der »Aktion Eichhörnchen« und legten Vorräte für den Kriegsfall an. Aufklärungskampagnen begannen unter dem Motto »Jeder hat eine Chance«: Wenn man einen hellen Lichtblitz sieht – Augen schließen, Aktentasche über den Kopf und flach auf den Boden werfen. Möglichst in eine Ackerfurche. Meine Mutter schrieb ihr Testament und bat meine Tante, sich meiner anzunehmen, sollte sie von der Dienstreise, auf die sie meinen Vater begleiten wollte, nicht zurückkommen. Ich wurde kein Waisenkind. Chruschtschow lenkte ein, meine Eltern kamen wohlbehalten zurück.

Die Kubakrise hatte jedem die katastrophalen Folgen einer atomaren Auseinandersetzung vor Augen geführt. Nun lagen die Nerven blank – im Osten wie im Westen. In Deutschland kam es zum Eklat, als der ›Spiegel‹ über ein geheimes NATO-Manöver berichtete. Der Ermittlungsrichter des Bundesgerichtshofes ließ die Geschäftsräume des Nachrichtenmagazins durchsuchen, die Chefredakteure Claus Jacobi und Johannes K. Engel sowie der Herausgeber Rudolf Augstein wurden festgenommen. War eine solche Polizeiaktion gerechtfertigt? In vielen Städten gingen Demonstranten für die Pressefreiheit auf die Straße. An der »Spiegel-Affäre« zerbrach die Bonner Koalition: Am 19. November traten die FDP-Minister geschlossen zurück, im Dezember wurde ein neues Kabinett – wieder aus CDU, CSU und FDP – vereidigt. Zögerlich begann das weltpolitische Tauwetter. Am 26. Juni 1963 kam John F. Kennedy nach Berlin – die Kinder hatten schulfrei, um den US-Präsidenten sehen zu können. Er verstand es, die Herzen für sich zu gewinnen: Der Satz »Ich bin ein Berliner« ging um die Welt. Kennedy erklärte an diesem Tag öffentlich, dass er an die Wiedervereinigung Deutschlands glaube – wovon man damals nur träumen konnte.

„Abseits der Politik begann derweil eine neue Ära.“

Aber immerhin setzten sich nun die Kontrahenten des Kalten Kriegs an den Verhandlungstisch: Am 5. August 1963 unterzeichneten Sowjets, Amerikaner und Engländer das Abkommen über ein Verbot von Kernwaffenversuchen in der Atmosphäre, unter Wasser und im Weltraum. Auch die Deutschen profitierten von der Entspannung: Im September 1964 beschloss der DDR-Ministerrat Reiseerleichterungen: Rentner aus dem Osten durften von nun an vier Wochen im Jahr Verwandte im Westen besuchen, Westberliner konnten Weihnachten, Ostern und Pfingsten bei Angehörigen in der DDR verbringen.

Abseits der Politik begann derweil eine neue Ära. Die Vorreiter des neuen Zeitgeists waren vier langhaarige Musiker aus Liverpool, die zunächst niemand so recht ernst nahm: 1962 hatte die Plattenfirma

Decca in London die Musik der Beatles für chancenlos erklärt und einen Vertrag abgelehnt. Nur zwei Jahre später, im März 1964, belegten die vier Engländer die ersten fünf Plätze der US-Charts – das hatte es noch nie gegeben. Etwa zur gleichen Zeit landeten die Rolling Stones ihre ersten großen Hits. Die neue Musik traf genau den Geschmack der Jugend: rhythmisch, unkonventionell und laut. Auch in Deutschland dröhnte es aus den Kellern, Jeans und lange Haare waren plötzlich »in«. Die Älteren waren entsetzt über diese »Negermusik«. Schuldirektoren verboten das Tragen von Jeans im Unterricht, Eltern weigerten sich, die blauen Arbeiterhosen zu bezahlen und drohten mit Taschengeldentzug, um den Nachwuchs zum Friseur zu zwingen. Die Verbote und Drohungen machten alles nur noch interessanter. Der Stein, einmal im Rollen, war nicht mehr aufzuhalten. Das politische Tauwetter endete so plötzlich, wie es begonnen hatte. Im Oktober 1964 musste Chruschtschow alle Ämter niederlegen, sein Reformkurs hatte die Genossen verärgert. Sein Nachfolger Leonid Breschnew war ein Hardliner. Auch in den USA hatte sich der Wind gedreht: Nach der Ermordung John F. Kennedys hatte sein Vize Lyndon B. Johnson – ein entschiedener Gegner der Sowjets – das Sagen. Die Bundesrepublik blieb auch unter Ludwig Erhard treuer Verbündeter Amerikas. Erhard war seit dem Rücktritt Adenauers im Oktober 1963 Kanzler. Der Kalte Krieg ging also weiter, doch Mitte der Sechziger bekam er eine heiße Spitze: In Vietnam kämpften Ost und West mehr oder weniger offen gegeneinander. Amerikanische »Berater« unterstützten schon unter Kennedy Südvietnam im Kampf gegen den kommunistischen Norden. Nach der Ermordung JFKs wurde aus der beratenden Unterstützung ein offener Militäreinsatz. Im Herbst 1964 gab die US-Regierung die ersten Verlustzahlen bekannt: In den ersten vier Jahren des Dschungelkriegs, zwischen 1961 und 1965, waren 900 amerikanische Soldaten gefallen, 4800 wurden verwundet. Noch feierte man die Krüppel, die ohne Beine oder Arme nach Hause kamen, als Helden. Doch schon bald wurden sie zum Symbol des Protests gegen einen gnadenlosen und sinnlosen Krieg.

„Die Protestwelle schwappte auch auf Deutschland über.“

Die Protestwelle schwappte auch auf Deutschland über. Sie traf hier auf einen fruchtbaren Boden: Die Jugend suchte neue Ideale. Die

Kriegsgeneration mit ihrer verleugneten Vergangenheit taugte nicht als Vorbild. Das Wirtschaftswunder, auf das die Eltern so stolz waren, entlockte der Nachkriegsgeneration nur ein müdes Lächeln: Machte eine Schrankwand mit Fernseher glücklich? Bestand der Sinn des Lebens darin, bis zur Rente für ein Großunternehmen zu buckeln? War nicht die »freie« Marktwirtschaft in Wahrheit pure Ausbeutung? Alles deutete doch darauf hin, dass der Kapitalismus am Ende war, man musste ihm nur noch den Todesstoß versetzen. Auf den Trümmern des alten Systems würde sich eine neue, freie Gesellschaft errichten lassen.

Zu Tausenden identifizierten sich die Studenten mit den Unterdrückten in aller Welt. Bei Ostermärschen – der erste fand in Deutschland 1960 statt – demonstrierte man für den Frieden. Die neuen Helden waren der südamerikanische Revolutionär Ernesto »Che« Guevara und Ho Chi Minh, der vietnamesische Kommunistenführer. Ich erinnere mich noch gut an die Ho-Ho-Ho-Chi-Minh rufenden Demonstranten, die damals durch Schwabing zogen, um die Druckerei des Springerverlags zu besetzen – Springer war 1968 der Inbegriff reaktionärer Massen-Manipulation. Ich war damals neun Jahre alt und fand die Sprechchöre der Studenten, die Transparente und Polizeieskorten hochinteressant: Mama, was wollen die Leute? Papa, was ist eine Kommune? Und was macht ein Gammler? Ich bekam keine zufriedenstellenden Antworten auf meine Fragen, das Drumherumreden schürte meine Neugier: Demonstrieren, Gammeln und in Kommunen leben musste sehr aufregend sein. Zehn Jahre später ging dann auch ich zum Ostermarsch und zur Demo. Doch die weißen Friedenstauben auf blauem Grund, der Nicaragua-Kaffee, die Kundgebungen und Menschenketten der Siebziger waren nur noch ein schwacher Abklatsch der 68er-Bewegung.

„Mitte der 60er waren die Deutschen noch leicht zu provozieren.“

Mitte der 60er waren die Deutschen noch leicht zu provozieren. Es genügte, die alten Feindbilder und die neuen Werte in Frage zu stellen: War der Sozialismus wirklich ein Werk des Teufels? Waren die Russen alle Mörder? War der gute Onkel Sam, der uns nach dem Krieg die schönen Care-Pakete geschickt hatte, tatsächlich unfehlbar? Wurde nicht in Vietnam offensichtlich, dass der US-Imperialismus eine Geißel der Menschheit war? »Mit Provokationen können wir uns einen öffentlichen Raum schaffen, in den wir unsere Ideen, unsere Wünsche und unsere Bedürfnisse hineinlegen können«, erklärte Rudi Dutschke, die Leitfigur der APO. Eine demokratische Auseinandersetzung mit dem herrschenden System schien nicht möglich zu sein. Man nannte die protestierenden Studenten und Intellektuellen daher »Außerparlamentarische Opposition«, kurz APO. Die Provokation führte nicht zum Dialog, sondern zur Konfrontation: Die ›Bild‹ titelte im Februar 1968: »Stoppt den Terror der Jungroten jetzt!« Darunter stand in dicken Lettern: »Man darf nicht die ganze Drecksarbeit der Polizei überlassen.« Der rechtsextreme Arbeiter Josef Bachmann nahm die Aufforderung wörtlich: Am 11. April schoss er auf Rudi Dutschke. Das Attentat verhärtete die Fronten. Bei einer Kundgebung in München gab es zwei Tote. Am 13. Mai 1968 kamen 30 000 Demonstranten in einem Sternmarsch nach Bonn und protestierten gegen die geplanten Notstandsgesetze. Ungerührt verabschiedete der Bundestag am 30. Mai das Gesetzespaket.

Rechts gegen links. West gegen Ost. Niemand konnte unpolitisch sein. Im August 1968 marschierten sowjetische Truppen in Prag ein. Die NATO bewegte keinen Panzer, die Tschechoslowakei gehörte zur sowjetischen Hemisphäre. Überall wurde diskutiert: Durfte man die Tschechoslowaken allein lassen? Konnte man nach dem, was passiert war, mit den Sowjets noch verhandeln? Würde Deutschland für alle Zeiten gespalten bleiben? Die Bundestagswahl im September 1969 wurde ein Kopf-an-Kopf-Rennen: Die CDU/CSU erreichte 46,1 Prozent, die SPD 42,7 Prozent. Am 21. Oktober wählten die Delegierten der SPD und der FDP Willy Brandt zum neuen Bundeskanzler. Das neue Mitte-Links-Bündnis löste die große Koalition unter Kurt Georg Kiesinger ab. (1966 war die Regierung von CDU/CSU und FDP gescheitert, bis zur Wahl hatte eine Koalition aus CDU/CSU und SPD regiert.) Ein neuer Geist wehte durch die Republik. Brandts Ostpolitik stand für Abrüstung, Frieden und den Dialog mit der Sowjetunion. Die Sechziger endeten mit der Hoffnung auf eine bessere Welt. Noch war der Kalte Krieg nicht zu Ende, noch brannten in Vietnam die Dörfer. Für die deutschen »Achtundsechziger« begann der Lange

„Die Sechziger endeten mit der Hoffnung auf eine bessere Welt.“

Marsch durch die Institutionen. Zwanzig Jahre später werden bei einem Parteitag der Grünen die »Realos« an die Mitglieder appellieren, den Langen Marsch durch die Illusionen zu beenden. Aus den Provokateuren von damals wurden Minister.

Robin Hood und seine Enkel

Die Geschichte des Bogenschießens

Von Ernst Deissinger

Die unglaubliche Zeitreise beginnt schon nach wenigen Handgriffen. Der Schütze nimmt den Bogen, legt den Pfeil auf die Sehne und spannt. Er spürt, wie sich der Zug der Sehne auf Arm- und Rückenmuskulatur überträgt. Fast automatisch, als würde er von einem geheimnisvollen Körpergedächtnis gesteuert, sucht sich die Pfeilspitze, über die er das Ziel anvisiert, den magischen Punkt. Das Blickfeld verengt sich. Dann peitscht der Schuss los. In einer Hundertstelsekunde beschleunigt die Sehne das tödliche Geschoss von Null auf eine Geschwindigkeit von 200 Kilometern pro Stunde. Man kann die Gefühle, die sich gleichsam mit den Energien des Bogens entladen, nur schwer beschreiben. Ähnlich muss es unseren Vorfahren ergangen sein, als sie entdeckten, welche Macht dieses Instrument seinem Besitzer verleiht. Tiefenpsychologen erklären die Faszination, die vom Bogen ausgeht, und unsere Erregung mit jenen Jagdinstinkten, die wir von unseren Vorfahren, den steinzeitlichen Jägern, geerbt haben.

Das Handwerkszeug eines Bogenschützen ist auf den ersten Blick an Einfachheit kaum zu überbieten – die geniale Erfindung besteht aus nicht viel mehr als einem elastischen Stück Holz, das mit einer Schnur oder einer Tiersehne zum Bogen gespannt ist. Wer allerdings einmal versucht hat, nach dem Vorbild der internationalen Sportschützen einen Pfeil über 90 Meter Distanz in das etwa zwölf Zentimeter große Zentrum der Zielscheibe zu lenken, der entdeckt sehr schnell, wie viel Körperbeherrschung und Technik hinter einem solchen Meisterschuss steckt, der dem Schützen zehn Punkte einbringt. Das gilt nicht nur für die sportlichen Schützen unserer Tage, deren Präzisionsbögen aus exotischen Leichtmetallen und Kunststoffen gefertigt sind. Historiker, die sich mit der Geschichte des Bogenschießens beschäftigen, finden immer mehr Belege dafür: Ein treffsicherer und weit reichender Bogen war schon vor Jahrhunderten ein Produkt der Spitzentechnik.

Und die Chronisten berichten von schier unglaublichen Meisterleistungen, die mit solchen Waffen möglich waren: 1798 trafen sich türkische Meisterschützen zu einem Wettbewerb im Weitschießen. Der Gewinner des Turniers, Sultan Selim, schoss einen Pfeil schräg in den Himmel, der erst in einer Distanz von 845 Metern vom Abschusspunkt zu Boden ging. Über die Schießkunst der japanischen Samurai-Krieger ist folgender Bericht überliefert: »Ihre massiven Bögen brauchen drei durchschnittliche Männer, um gebogen zu werden (…) sie schießen sehr schnell, und jeder Pfeil verwundet zwei bis drei Feinde. Der Einschlag des Pfeils ist stark genug, um zwei oder drei Panzerrüstungen auf einmal zu durchdringen, und sie verfehlen nie ihr Ziel.« Geübt wurde dieser »Gewaltschuss« in der so genannten »unteren Flugbahnschule« in einem Gebäude, dessen Decke die Höhe des Pfeilflugs begrenzte. Die Schützen trainierten mit extrem schussstarken Bögen, um eine flache, schnelle Flugbahn zu erreichen. Der aus dem Jahr 1686 verbürgte Rekord des japanischen Meisterschützen Wada Daihachi ist geradezu unglaublich: Er soll in einem überdachten Schießstand 27 Stunden lang ohne Unterbrechung ungefähr alle zwölf Sekunden einen Pfeil abgeschossen und über 8000-mal sein Ziel am Ende der Halle getroffen haben. Trefferquote: beinahe 100 Prozent!

„Der aus dem Jahr 1686 verbürgte Rekord des japanischen Meisterschützen Wada Daihachi ist geradezu unglaublich.“

Doch es sind nicht nur die Rekorde einiger weniger Meisterschützen, die dieser Waffe ihren gefürchteten Ruf einbrachten. Pfeil und Bogen entschieden auf vielen Schlachtfeldern über Sieg und Niederlage. Beispiele sind die Schlachten bei Crécy (1346), Maupertuis (1356) und Agincourt (1415). Damals wurden die französischen Ritterheere von den englischen Langbogenschützen in Grund und Boden geschossen. Das Bogenschützenkorps von König Eduard III. bestand bei Crécy aus 6000 Mann, die ihre Pfeilsalven im 12-Sekunden-Abstand gegen die anstürmenden Reiter schickten. Jeder Schütze führte zwei Dutzend Pfeile mit sich. Die Schussweite, auf die ein Langbogenschütze zu fürchten war, betrug über 200 Meter. Das Korps konnte innerhalb von viereinhalb Minuten 144 000 Geschosse abfeuern und auch den entschlossensten Gegner zum Stehen bringen. Den Bogen als Kriegswaffe hatte Wilhelm der Eroberer nach England gebracht. Nachdem der Normannenführer mit seinem 60 000 Mann starken Heer in England gelandet war, besiegte er 1066 seinen Gegner Harald II. in der Schlacht von Hastings. Wilhelm hatte seine Bogenschützen so angeordnet, dass sie den nachfolgenden Truppen sicheren Schutz boten. »Ihre Pfeile fielen dicker als der Regen«, berichtet ein Chronist über die Schlacht, die Wilhelm auf den englischen Königsthron brachte.

Aus den Wikingerbögen der Normannen entwickelte sich der englische Langbogen. Er war zwei Meter lang und aus dem zähesten Holz gefertigt, das in Europa wuchs, der Eibe. Die Schusskraft eines meisterlich gefertigten Eibenbogens war selbst für einen gepanzerten Ritter lebensbedrohlich. Nach der Niederlage der französischen Ritter bei Maupertuis (auch Schlacht bei Poitiers genannt) beeilte man sich auch in Frankreich, Bogenschützenkorps aufzustellen. Doch der Plan wurde bald wieder verworfen. Der Geschichtsschreiber Juvénal des Ursins liefert dafür folgende Erklärung: »In kurzer Zeit waren die Bogenschützen in Frankreich so geübt, dass sie die Engländer übertrafen; und in der Tat, wenn sie sich zusammengetan hätten, wären sie mächtiger gewesen als die Fürsten und Adligen, und deshalb wurde der König gezwungen, dass er damit Schluss mache.«

Modernes Bogenschießen hat längst nichts mehr mit dem alten Kriegshandwerk zu tun. Der Deutsche Schützenbund (1,6 Millionen Mitglieder) zählt rund 40 000 aktive Sportler, die mit Pfeil und Bogen um nationale und internationale Ehren kämpfen. In den USA wird das Bogenschießen vor allem als Breitensport gepflegt. Man schätzt dort die Zahl der Hobby-Bogenschützen auf sieben Millionen. Ein Grund für die Popularität: In den Vereinigten Staaten und Kanada ist der Bogen als Jagdwaffe zugelassen. Nach amtlichen Angaben gibt es dort 1,6 Millionen Jäger, die eine Lizenz für die Jagd mit Pfeil und Bogen besitzen. Das erklärt auch, warum die meisten Hochleistungsbögen in den USA hergestellt werden. Ernsthafte Konkurrenz gibt es nur von japanischen und koreanischen Bogenbauern.

„Modernes Bogenschießen hat längst nichts mehr mit dem alten Kriegshandwerk zu tun.“

Pfeil und Bogen sind international nach angelsächsischen Einheiten genormt: So werden Bogen-, Sehnen- und Pfeillängen in Zoll (inches), die Zugkraft des Bogens in Pfund (lbs zu je 425 Gramm) gemessen. Doch nicht nur Pfund und Zoll dokumentieren die lange Tradition angelsächsischer Länder im Bogenbau. Zahlreiche Familiennamen erinnern an die Spezialberufe, die Pfeil und Bogen mit sich brachten. Beispiele: Fletcher (Pfeilmacher), Arrowsmith (Pfeilspitzenschmied), Bownocker und Stringer (Sehnenmacher), Archer und Bowman (Bogenschütze), Bowyer (Bogenbauer). Bögen und Pfeile waren hochwertige Massenprodukte. Im Jahr 1359 lagerten im Waffenarsenal des Tower von London 20 000 Langbögen, 850 000 Pfeile und 50 000 Bogensehnen.

Ist ein heutiger Sportbogen dem früheren Kriegsgerät überlegen? Nur ein Sportbogen der Spitzenklasse. Moderne Kompositbögen, bei denen man die besten Eigenschaften hochfester und zugleich superelastischer Verbundwerkstoffe kombiniert, sind keine Erfindung unserer Tage. Erfinder des Kompositbogens waren die asiatischen Bogenbauer, allen voran das Steppenvolk der Skythen, die gefürchtetsten Bogenschützen der Antike. Ihre Konstruktionen wurden später von arabischen, persischen, griechischen und türkischen Handwerkern zu Meisterwerken perfektioniert. Ein Grund dafür, warum die asiatischen Bogenbauer mit dem Kompositbogen ganz andere Wege beschritten als die Europäer: Die Asiaten kamen nicht an geeignete Bogenhölzer wie Eibe, Ulme oder Esche heran und mussten deshalb mit Ersatzwerkstoffen experimentieren. So lernten sie, dünne Holzlamellen mit mehreren Lagen Ziegenhorn und geflochtenen Stiersehnen zu verleimen. Bandagen aus Leder, Sehnen und mit Knochenleim präparierten Tierdärmen sorgten für zusätzliche Festigkeit und Federkraft. Die Herstellung eines solchen antiken Kompositbogens dauerte oft mehrere Jahre.

„Erfinder des Kompositbogens waren die asiatischen Bogenbauer.“

Heutige moderne Sportgeräte sind im Prinzip ähnlich aufgebaut. Anstelle von Horn, Tiersehnen und Knochenleim verwenden die Bogenbauer Glasfaser- und extrem feste Kohlefasergewebe, die unter Hitze und Druck mit Kunststoffen zu so genannter Karbonkeramik verbacken werden. Einen Vorteil hat allerdings diese Kunststofftechnologie, die für die Raumfahrt und den Flugzeugbau entwickelt wurde, gegenüber den antiken Werkstoffen aufzuweisen: Kunststoffbögen sind gegen Feuchtigkeit unempfindlich. Das war der asiatische Kompositbogen nicht, weshalb er sich im alten Europa nie durchsetzte. Die Kreuzritter hatten zwar solche Bögen bei den Schlachten gegen die Sarazenen erbeutet. Auf den heimischen Schlachtfeldern jedoch stellten sie mit Entsetzen fest, dass die asiatische Wunderwaffe bei hoher Luftfeuchtigkeit und Regen ihre Schusskraft verlor und dem einfachen Holzbogen unterlegen war.

Ein moderner Wettkampfbogen erinnert mit seinen geschwungenen Rundungen an die asiatischen Vorbilder, und das hat seinen Grund. Typisch am asiatischen Bogen sind die nach vorn geschwungenen Spitzen. Experten sprechen vom Recurvebogen. Doch hinter diesem »Recurven« steckt nicht nur orientalischer Kunstsinn. Hinter der geschwungenen Form verbirgt sich ein wichtiges physikalisches Gesetz: Ein Bogen ist umso schwerer zu ziehen, je kürzer er gebaut ist, was sich mit dem Hebelgesetz erklären lässt. Die Zugkraft eines Sportbogens beginnt für Anfänger bei 20 Pfund. Geübte Sportschützen ziehen bis zu 40 oder 45 Pfund. Schwere Jagdbögen liegen bei 60 oder sogar bei 80 Pfund.

„Ein Bogen ist umso schwerer zu ziehen, je kürzer er gebaut ist.“

Allerdings entscheiden nicht die Pounds allein über den Kraftaufwand, der dem Schützen abverlangt wird. Der Unterschied zwischen einem einfach gespannten Holzbogen und einem geschwungenen Recurvebogen: Spannt man den Holzbogen, geht das zunächst sehr leicht. Doch beim Auszug auf volle Pfeillänge steigt die Zugkraft steil auf einen Maximalwert. Das längere Zielen mit dem gespannten Bogen wird zum Kraftakt. Anders beim Recurvebogen. Die Sehne schmiegt sich zunächst entlang den recurvten Bogenenden. Dieses Anliegen der Sehne wirkt so, als würde man einen kürzeren Bogen mit hoher Zugkraft spannen. Zieht man aber den Bogen weiter aus, biegen sich die Spitzen auf. Der Bogen wird länger und biegsamer und ist jetzt leichter zu ziehen. Der Schütze muss mit dem Pfeil im Anschlag weniger Haltekraft aufwenden und kann leichter zielen. Diese Kraftreduzierung ist entscheidend für einen sportlichen Bogenschützen. Beim internationalen Wettkampf, der so genannten FITA-Runde

(FITA = Fédération Internationale de Tir à l'Arc = Weltverband der Bogenschützen), schießen die Männer jeweils 36 Pfeile auf die vier Distanzen 90, 70, 50 und 30 Meter. Zusammen sind das 144 Pfeile plus sechs Probepfeile. Es geht also nicht um den einmaligen Meisterschuss, sondern um einen Kraftakt mit 150 Pfeilen.

Die harmonische Kraftverteilung des Recurvebogens bietet aber noch einen weiteren Vorteil: Beim Loslassen des Pfeils erfolgt die Beschleunigung zunächst sanfter und steigert sich bis zum Abschuss. Beim Langbogen hingegen erfolgt zuerst eine gewaltige Beschleunigung, die dann drastisch abfällt. Zu harte Beschleunigung ist beim Abschuss unerwünscht. Warum das so ist, brachten die Superzeitlupeaufnahmen des schwäbischen Hightech-Forschers Werner Beiter ans Tageslicht: Ein Pfeil ist alles andere als ein steifes Geschoss. Wenn er den Bogen verlässt, windet er sich gleichsam wie eine Schlange durch die Luft. Auch die Befiederung, die – vergleichbar mit einem Flugzeugleitwerk – den Kurs eines Pfeils stabilisieren soll, kann das zunächst nicht verhindern. Erst nach etwa 20 Metern »beruhigt« sich das Geschoss. Der Grund für den »Schlangenstart«: Wenn die Sehne über die Finger gleitet und den Pfeil beschleunigt, schlingert sie s-förmig nach vorn. Hinzu kommt, dass sich das etwa 250 km/h schnelle Geschoss von der Pfeilauflage, einer winzigen »Startrampe« aus Kunststoff oder Metall, lösen muss.

„Wie schaffte es ein mittelalterlicher Bogenschütze, sein Ziel ohne komplizierte Visiereinrichtungen zu treffen?“

Und damit beginnt die Wissenschaft des High-Speed-Filmers Beiter. Zugkraft und vor allem Beschleunigung des Bogens müssen auf Gewicht, Aerodynamik und Steifigkeit des Pfeils abgestimmt sein. Bei hoher Beschleunigung sind steifere Pfeile gefordert. Ist er allerdings zu steif, kann er sich nicht »einschwingen« und bricht aus der Flugbahn aus. »Der Bogen muss gestimmt werden wie ein hochsensibles Musikinstrument«, ist die Quintessenz aus Werner Beiters Zeitlupenstudien, die eine Zehntelsekunde Pfeilflug auf eine halbe Minute ausdehnen. Der Fachmann verwendet den Begriff »Tunen«. Dabei wird – mit einem Stoßdämpfer in der Pfeilauflage – der seitliche Andruck des Geschosses exakt auf seine Schlingereigenschaften abgestimmt.

Für den modernen Schützen ist es übrigens selbstverständlich, dass der Pfeil genau auf seine Armlänge zugeschnitten werden muss, bevor man die Spitze in das Aluminium- oder Karbonrohr einsetzt. Gleich lange Pfeile gewährleisten, dass der Bogen immer gleich weit und mit der gleichen Kraft gespannt wird. Die Sehne des Bogens, in die der Pfeil zwischen zwei winzige Metallringe »eingenockt« wird, drückt beim vollen Auszug exakt auf Lippen und Nasenspitze des Schützen. Die Zughand mit dem Lederschutz »ankert« unter dem Kinn an der Innenkante des Unterkiefers. Gezielt wird nämlich beim Bogenschießen nicht über Kimme und Korn wie beim Gewehr. Der Schütze visiert durch den »Schatten« der Sehne direkt über das Korn auf das Zentrum der Scheibe. Das exakte Ankern der Schusshand am Kinn ersetzt die Kimme. Bei so viel wissenschaftlicher Tüftelei fragt man sich natürlich: Wie schaffte es ein mittelalterlicher Bogenschütze, sein Ziel ohne komplizierte Visiereinrichtungen zu treffen? Er orientierte sich an der Pfeilspitze und hielt dann, entsprechend den Eigenheiten seines Bogens und der Zieldistanz, etwas über oder neben den Zielpunkt. Als Meister ohne Kimme und Korn galten vor allem die Reitervölker wie Hunnen und Mongolen. Den Bogenschützen Attilas und Dschingis Khans wird nachgerühmt, dass sie ihr Ziel aus vollem Galopp auf fünfzig Meter Entfernung sicher trafen.

Doch Werner Beiter, der für die Olympiasieger Bogen und Pfeile exakt abstimmt, ist inzwischen davon überzeugt, dass auch antike Meisterschützen das Tuning perfekt beherrschten. Er hat im Labor den berühmten Schuss des griechischen Sagenhelden Odysseus nachgestellt, wie er von Homer beschrieben wird. Penelope, Ehefrau von Odysseus, forderte die Freier auf, sich im Bogenwettkampf zu messen. Sie sollten mit dem Bogen ihres verschollenen Ehemanns Odysseus einen Pfeil durch zwölf Äxte schießen. Wer das Kunststück schaffte, den wollte Penelope heiraten. Die Äxte hatte man ohne Stiele mit den Klingen auf einer erhöhten Plattform in den Boden gesteckt und mit einer Schnur in einer Reihe ausgerichtet. Der Pfeil sollte durch alle Stielösen gelenkt werden. Keiner schaffte das Kunststück, bis der als Bettler verkleidete Odysseus auftauchte und ins Geschehen eingriff. Ihm gelang der Meisterschuss. Beiters Erklärung: Da ein Pfeil, wie seine Hochgeschwindigkeitsauf-

„Odysseus gelang der Meisterschuss.“

nahmen zeigen, in Schlangenlinien startet, gelingt das Kunststück nur, wenn die Abstände der Äxte, die Zugkraft des Bogens und die Steifigkeit der Pfeile genau auf die Schusstechnik des Schützen abgestimmt sind. Der Pfeil schlängelt sich dann durch die Löcher, ohne auch nur eine einzige Axtöse zu berühren. Die Freier, die den fremden Bogen nicht kannten, hatten also bei diesem Wettkampf keine Chance. Was das Nachstellen des Odysseus-Schusses beweisen soll: Auch im antiken Griechenland verstand man sich auf das Tunen eines Hochleistungsbogens. Im wissenschaftlichen Sprachgebrauch verwenden die Historiker heute noch altgriechische Begriffe. So nennt man die Bogenschützen »Toxophiletes«, was sich vom griechischen »toxon« (der Bogen) ableitet. Auch die Bezeichnung »toxisch« (giftig) findet sich im griechischen Urwort »toxikon« (Pfeilgift) wieder.

Doch es gibt auch eine moderne Konstruktion, die keine Parallelen in der Geschichte von Pfeil und Bogen hat. Man könnte glauben, sie stamme aus einem Sciencefiction-Film. Dieser so genannte Compoundbogen erinnert an eine Kreuzung aus Kurzbogen und Seilwinde. Den Konstrukteuren dieser futuristisch anmutenden Waffe ging es darum, noch mehr Energie für das Beschleunigen des Pfeils freizusetzen. Doch was tun, wenn man mit dem stärksten Bogen an die Grenzen der menschlichen Körperkraft stößt? Lösung: Man spannt eine überlange Sehne über ein Rollensystem, das nach dem Kraftverstärkungsprinzip des Flaschenzugs arbeitet. Ein Compound-Schütze spannt so nicht nur einen schussstärkeren Bogen. Eine zusätzliche Wirkung wird durch eine elliptische Form der Rollen erreicht: Bei voll ausgezogenem Bogen reduziert sich die Spannkraft um 30 bis 50 Prozent, also noch drastischer als beim Recurvebogen. Der Schütze zielt mit weniger Haltekraft oder kann einen fast doppelt so starken Bogen beherrschen wie ein Schütze mit konventioneller Waffe. Welche Schussstärke sich mit einem supermodernen Compoundbogen freisetzen lässt, zeigt der Weltrekord des Amerikaners Kevin Strother vom 31. Juli 1992. Er feuerte mit seinem Hightech-Bogen einen speziell präparierten Flugpfeil etwa im 45-Grad-Winkel in den Himmel. Nach über 20 Sekunden Flugzeit ging das Geschoss 1166,80 Meter vom Schützen entfernt zu Boden. Damit hatte er den legendären Rekord Sultan Selims um fast 300 Meter überboten.

Doch die Entwicklung des Bogensports führt inzwischen nicht nur in Richtung Hightech. Ebenso wie der Trend zum Compoundbogen ist auch ein ganz anderer Trend auszumachen. »Zurück zu den Anfängen« lautet die Devise vieler Hobbyschützen, die mit nachgebauten mittelalterlichen Langbögen in der Disziplin des »Instinktiv-Schießens« wetteifern. Sie verzichten auf Visier, Stoßdämpfer, Aluminium- und Karbonpfeil und betreiben ihre Kunst nach dem Vorbild des legendären Meisterschützen Robin Hood. Auch mit solchen nachgebauten Waffen lassen sich beachtliche Weiten erzielen. Der Amerikaner Don Brown schoss 1995 mit einem in der Zugkraft unlimitieren Langbogen immerhin 373,47 Meter weit, das ist mehr als die Strecke von drei Fußballfeldern. Mit einem modernen Recurvebogen ohne Limit der Zugkraft jagte er den Pfeil sogar über eine Distanz von 1145 Metern. Doch auch solche Weiten sind noch nicht das Limit: Noch weiter geht es mit so genannten Footbows (Fußbögen). Bei dieser Waffe liegt der Schütze mit dem Rücken auf dem Boden und spannt mit dem ganzen Körper. Er stemmt den Bogen mit den Füßen in Richtung Ziel, die Sehne mit dem Pfeil spannt er mit beiden Händen. Abschusswinkel: 45 Grad. Der noch immer geltende Rekord von Harry Drake aus dem Jahr 1971: Sein Pfeil flog 1854,40 Meter weit.

> **„Wie leistungsfähig die Schusswaffen waren, leiten Experten aus Versuchen ab, die sie mit nachgebauten Bögen der Steinzeitjäger unternahmen.“**

Wie leistungsfähig im Vergleich dazu die Schusswaffen unserer archaischen Vorfahren waren, leiten Experten aus Versuchen ab, die sie mit nachgebauten Bögen der Steinzeitjäger unternahmen. Holzreste von Jagdbögen, die in Skandinavien gefunden wurden, lassen sich etwa auf ein Alter von 10 000 bis 12 000 Jahren datieren. Die Bögen waren 1,40 bis 1,80 Meter lang und meist aus Ulmenholz gefertigt. Erst vor etwa 7 000 Jahren breitete sich in Mitteleuropa die Eibe aus. Mit diesem Material ließ sich die Schussleistung um weitere zehn Prozent steigern. Mit der Rekonstruktion eines steinzeitlichen Ulmenbogens und einem befiederten Pfeil aus Kiefernholz (Gewicht 33 Gramm) erzielte ein Testschütze Weiten von rund 170 Metern. Reichweite und Schlagkraft waren Komponenten, die den Bogen gefährlich machten. Der tödliche Schuss aber wurde vor allem durch scharfe Spitzen aus

Stein möglich. Geht man von den Spitzen aus, die Archäologen an verschiedenen Plätzen auf der Iberischen Halbinsel fanden, so kann man durch Vergleiche mit anderen Funden schließen, dass die ersten Pfeile mit Steinspitzen schon etwa 16 000 bis 20 000 v. Chr. angefertigt wurden.

Eine Waffe, mit der ein steinzeitlicher Schütze Ziegen, Antilopen oder Wölfe erlegte, konnte er natürlich auch gegen menschliche Widersacher richten. So gehen zum Beispiel die Experten davon aus, dass ein Pfeil aus dem Hinterhalt dem 1991 gefundenen »Ötzi« zum Verhängnis wurde. Untersuchungen an der Gletschermumie zeigten, dass in der linken Schulter eine Pfeilspitze von 27 Millimetern Länge und 18 Millimetern Breite steckte. Sie bestand aus hartem Silex und besaß Widerhaken. Deshalb konnte der Getroffene die tief im Rücken steckende Pfeilspitze nicht entfernen. Sie hatte wichtige Blutgefäße durchtrennt, aber zunächst gelang es dem Verwundeten, dem Schützen zu entkommen. Erst später, so die Gerichtsmediziner, starb Ötzi an Blutverlust und Unterkühlung auf dem Tisenjoch. Wer der Bogenschütze war, wird man nach über 5000 Jahren nicht mehr erfahren, aber eines ist sicher: Ötzi wurde aus dem Hinterhalt oder auf der Flucht angeschossen.

Wer diesen steinzeitlichen Mordfall allzu schockierend finden sollte, den kann vielleicht die sinnliche Komponente versöhnen, die schon die alten Dichter Pfeil und Bogen zugeschrieben haben. Der römische Schriftsteller Lucius Apuleius (2. Jahrhundert n. Chr.) berichtet in dem Märchen ›Amor und Psyche‹ Folgendes: »Unstillbares Verlangen ergreift Psyche, neugierig beschaut sie die Waffen ihres (schlafenden) Gemahls, befasst sie, bewundert sie. Sie zieht einen Pfeil aus dem Köcher und versucht mit zartem Finger dessen Spitze. Noch hatte sich das Zittern nicht gelegt, stärker als sie will, berührt sie das Eisen und verletzt sich, dass gleich Tröpfchen rosigen Blutes ihre Hand betauen. Von nun an liebt sie Amor …« Es ist also nicht nur der Jagdinstinkt, den wir Menschen mit Pfeil und Bogen in Verbindung bringen. Auch der listige Liebesgott pflegt aus dem Hinterhalt zu schießen und er zielt auf das Herz seiner ahnungslosen Opfer. Das unbeschreibliche Gefühl, von den Pfeilen Armors getroffen worden zu sein, hat sicher jeder schon einmal erlebt. Und vielleicht ist dieses Gefühl noch überwältigender, als selbst einen Bogen zu spannen.

Bildnachweis

S. 8: Szene aus dem Film ›Die zehn Gebote‹ (USA 1956) © Cinetext Bildarchiv

S. 20: Szene aus dem Film ›Troja‹ (USA 2004) © Cinetext Bildarchiv

S. 28: Vercingetorix-Denkmal in Alise-Sainte-Reine © akg-images GmbH

S. 38: Szene aus dem Film ›Kleopatra‹ (USA 1963) © Cinetext Bildarchiv

S. 48: Szene aus dem Film ›Excalibur‹ (USA 1981) © Cinetext Bildarchiv

S. 58: ›Gralsrunde‹, französische Buchmalerei aus dem 15. Jahrhundert, aus: ›L'Estoire de Saint Graal‹ von Robert de Boron © akg-images GmbH

S. 68: ›Machines de guerre des croisès‹ (Belagerungsmaschine der Kreuzfahrer), Holzstich nach G. Doré (1832-83), aus: J. Michaud, Histoire des Croisades © akg-images GmbH

S. 78: Kaiser Karl V., Gemälde von Tizian (um 1558) © akg-images GmbH

S. 88: Szene aus dem Film ›Vom Winde verweht‹ (USA 1939) © akg-images GmbH

S. 96: Heißluftballon der Gebrüder Montgolfier, kolorierte Radierung nach einer Zeichnung von Claude Louis Desrais © akg-images GmbH

S. 102: Thomas Mann mit Freunden in Davos (1921) © Keystone, Zürich

S. 110: Baldur von Schirach bei der Weihe einer Reichsführerinnenschule des BDM in Potsdam © Deutsches Historisches Museum, Berlin

S. 120: Obere Bildhälfte: Walter Ulbricht, Nikita Chruschtschow, Otto Grotewohl 1960 in Ost-Berlin; untere Bildhälfte: John F. Kennedy, Willy Brandt, Konrad Adenauer 1963 in West-Berlin © DIZ SV-Bilderdienst GmbH

S. 130: Szene aus dem Film ›Robin Hood – König der Diebe‹ (USA 1991) © Cinetext Bildarchiv

»Ein Muss für jeden Geschichtsfan!«
Leserstimme bei Amazon

Als Pharao Ramses gegen die Hethiter zog
Geschichten zur Geschichte
Ein P. M. History-Buch

Herausgegeben von
Ernst Deissinger und Sascha Priester

ISBN 3-423-**34147**-5

›P. M. History‹ ist die erfolgreichste Publikumszeitschrift für historisch interessierte Leser. Die besten Artikel aus der Zeitschrift werden in den dtv-Ausgaben versammelt. Die Autoren der Beiträge verstehen es hervorragend, auf der Basis seriösen Faktenwissens Geschichten zur Geschichte zu erzählen.

Historische Ereignisse, Biografie und Lebenswerk einer historischen Persönlichkeit werden nicht mit akademischem Abstand, sondern aus einer menschlichen Perspektive dargestellt. Was bewegte die Menschen, wie war ihr Alltag, wie haben sie als Zeitgenossen geschichtliche Umwälzungen erlebt? Auf der Basis aktueller historischer Erkenntnisse wird die Vergangenheit mit Leben erfüllt.

In dem vorliegenden Buch geht es unter anderem »um die sonderbaren militärischen Verwicklungen der altägyptischen Pharaonen, um deutsche Frühkapitalisten auf Goldsuchertrip in Südamerika und die wundersamen Abenteuer des Barons Münchhausen aus Bodenwerder an der Weser. Und alles im schönen Gleichgewicht von griffiger Information und eingängiger Leseunterhaltung.«
Hannoversche Allgemeine